認知症介護と仕事の両立ハンドブック

角田とよ子
株式会社 wiwiw
キャリアと介護の両立相談室長

医事鑑定
須貝佑一

HAND BOOK

はしがき

　『恍惚の人』（有吉佐和子著）は痴呆の老人をテーマとした小説で、1972年に発行されると大ベストセラーになりました。
　姑の死後、舅の茂造（84歳）の世話をする嫁の昭子は、フルタイムの仕事を週3日に変えて介護しますが、痴呆を患う茂造の行為に翻弄され、老人福祉指導主事には、「こういう老人を抱えたら誰かが犠牲になることは、仕方がない」と言われます。筆者は大学生のときに読みましたが、昭子の苦悩と、痴呆は怖いという印象だけが強く残りました。
　筆者は2018年に角館の新潮社記念文学館を訪ね、1972年発行の単行本が展示されているのを目にし、改めて読み直したところ、認知症介護を通じて人間が変化していく様が描かれていることに気づかされました。昭子は、雨の中に咲く泰山木の花に心を奪われる茂造を見て、美醜の感覚は失われていない、確かに生きていると思い、いつも気難しく渋面で不平不満の塊であった茂造が、それはそれはかわいい笑顔を見せるようになったことに気づきます。
　昭子ら介護する側の視点で書かれた小説なので、認知症を抱えた茂造の心情は描写されていません。翻って今日では、認知症の当事者が、自ら本を書き、講演を行ない、認知症ケアに取り組む人々とともにすばらしいメッセージを発信するなど、認知症への理解を深める活動に携わっています。それらから得られる情報に照らして読んでみると、茂造の行為には意味があること、周りの人はこのように対応したらよかったなど、新しい発見がありました。認知症に対して、怖いという印象は薄れて、客観的にかつ温かい目でとらえることができ、「認知症を知る」ことがいかに大切かを痛感させられました。

筆者は2004年から、介護家族や企業で働く方から相談を受け、認知症のご本人や医療や介護の専門家と交流してきました。そこから得られた情報や、身内を実際に介護して見送った経験を、認知症介護と仕事を両立させたい方々にお伝えしたい。厚生労働省が進める「認知症になっても安心して暮らせる町づくり」に賛同し、「親が認知症になっても安心して働き続けられる社会づくり」のお役に立ちたい。この２つの思いから、本書を執筆しました。

　発刊にあたっては、日本老年精神医学会指導医で、長年、認知症の診療や研究に従事されている須貝佑一先生に医事鑑定をお願いし、貴重なご指摘やご助言をいただきました。この場を借りて厚く御礼申し上げます。

　認知症介護には、仕事にもプラスになる要素が満ちています。認知症の親とのコミュニケーションに苦労したことや、時間の制約を乗り切るために工夫したことなどは、必ずビジネスのスキルアップにつながります。前向きに取り組んだことは力になるはずです。

　一人ひとり違う人間が認知症を呈して、一人ひとり違う人間が仕事と両立しながら介護します。「みんなちがってみんないい」をめざして、ご自分なりの両立実現に本書が少しでもお役に立てば幸いです。

2019年10月
角田とよ子

目　次

はしがき

1　認知症の基礎知識……………………………………… 11

1．記憶のしくみ………………………………………… 11

記憶力の低下（老化）と認知症／年相応のもの忘れと病的なもの忘れ／記憶の仕分け／認知症の人の記憶の特徴［近い過去から忘れていく／今と過去が混乱する／未来のことを覚えられない］／強い感情をともなった記憶は忘れにくい

2．認知症とは…………………………………………… 16

「認知症」は病名ではなく症状／アルツハイマー型認知症／レビー小体型認知症／前頭側頭型認知症／脳血管性認知症

3．早期発見・早期対応のポイント………………… 23

治療可能な病気を見逃さない／うつ病やせん妄を鑑別する／認知機能低下を予防する／原因がわかれば、不安の解消につなげられる

4．病院の選び方、本人への受診の勧め方………… 27

病院の選び方／受診方法を確認する／日時を予約する／本人への受診の勧め方

5．受診と認知症の検査………………………………… 31

診察までの流れ［初診時の持ち物／問診票への記入／医師の診察］／検査項目［一般的な検査／認知症検査］

6．診断結果を聞く……………………………………… 33

認知症の診断基準／再診・定期受診／診断後に家族がすべきこと／

本人の思いに寄り添う／家族以外の人への認知症の告知／相談先を調べる

7．認知症の治療薬 …………………………………… 38

抗認知症薬の効果と限界を知る／抗認知症薬［アリセプト／レミニール／イクセロンパッチ、リバスタッチパッチ／メマリー］／行動・心理症状（BPSD）に対する薬物療法［抑肝散（漢方薬）／向精神薬］／入院治療／服薬介助［薬の保管場所がわからない／包装シートから薬を取り出せない／飲んだことを忘れてまた飲んでしまう］

8．薬以外の治療 ……………………………………… 45

生活療法［食事療法／運動療法］／認知症リハビリテーション［回想法／音楽療法／絵画療法／園芸療法／作業療法／動物介在療法（アニマルセラピー）／現実見当識訓練（リアリティ・オリエンテーション）／ユマニチュード／脳トレーニング／将棋、囲碁、麻雀、カルタ、百人一首／その他］

2　介護をプロジェクトにする …………………… 54

1．介護で仕事を辞めてはいけない ……………… 54

介護離職のデメリット［経済的不安が増す／自分のキャリアやライフプランが見通せない／閉塞感、孤立感で心身の負担が大きい］／介護を頑張りすぎない

2．認知症介護を5W2Hでイメージする ………… 56

だれが（Who）／どこで（Where）／いつ（When）／何を（What）／なぜ（Why）／どのように（How）／いくらで（How Much）

3．介護保険制度を知る …………………………… 64

介護保険サービス利用の流れ［要介護認定の申請／訪問調査／要介護認定結果の通知／ケアマネジャーとの契約とケアプラン案の作成／サービス担当者会議でケアプラン確定／ケアプランに沿って

サービスを利用／請求にもとづき利用料を支払う／ケアマネジャーの定期訪問／要介護認定の更新申請／区分変更申請］／介護保険サービスの種類［家にきてもらう／通う（デイサービス、デイケア）／泊まる（ショートステイ）／借りる（福祉用具レンタル）／買う／住宅改修］

4．介護保険サービスの上手な使い方 …………… 74

普段どおりの暮らしを見てもらう／とりあえず使ってみる／要望は早めに具体的に伝える／ケアチームとしての信頼関係を築く

5．仕事と介護を両立させるには ……………… 77

コミュニケーションをよくする／介護していることを職場に伝える／上司や人事部門に相談する／自分自身の働き方を見直す（働き方改革）／気持ちを切り替えて職場では仕事に集中する

6．ストレスマネジメント ………………………… 81

ワークとライフのバランスをとる／自分の時間を大切にする／介護は6割で「まぁいいか」／介護経験の言語化と情報発信

3　実践　認知症介護 ……………………………… 85

1．認知症介護のヒント ………………………… 86

親のことをよく知る／「忘れても大丈夫」と安心してもらう／「正しい」より「楽しい」を／日課や役割を持ってもらう／せかさずに、できるのを待つ

2．認知症進行度の目安 ………………………… 90

日常生活動作（ADL、IADL）／認知症高齢者の日常生活自立度／介護保険の要支援・要介護認定

3．認知症の認知レベルを調べるには ………… 95

認知症の重い軽いはどう判断するのか／認知症検査スケール

［HDS-R（長谷川式認知症スケール）／MMSE（ミニメンタルステート検査）／臨床認知症尺度（CDR）／N式老年者用精神状態尺度（NMスケール）］／認知症の判断基準

4．軽度認知症への対応……………………………………… 102

一人でできないことを手助けする［食事の用意／スケジュールの管理／郵便物や書類の整理／金銭管理／自動車の運転］／軽度認知症の人のケアプラン例［デイサービス、デイケア／ホームヘルプサービス／配食サービス］

5．中等度認知症……………………………………………… 109

見守りや声かけ、介助［道に迷う／身体感覚の衰え／嗅覚の衰え／トイレの失敗］／さまざまなタイプの人がいる／BPSDへの対応／中等度認知症ケアプラン例［デイサービス、ホームヘルプサービス／訪問看護サービス／小規模多機能型居宅介護サービス］

6．高度認知症………………………………………………… 115

日常生活全般のサポート［転倒／人のことを認識できない／コミュニケーションがとれない／体調や状態の変化を伝えられない／ケアチームでの役割分担／経管栄養の是非、看取り］／高度認知症の定期巡回・随時対応型訪問介護看護（ケアプラン例）

7．高齢者施設と病院………………………………………… 118

施設選びは学校選びと似ている／良い施設を見極める／介護保険施設や有料老人ホーム、病院の概要［特別養護老人ホーム（特養）／介護老人保健施設（老健）／介護療養型医療施設（療養病床）／認知症グループホーム／介護付き有料老人ホーム／サービス付き高齢者向け住宅（サ高住、サ付き住宅）／一般病院／精神科病院、認知症病棟のある病院］／精神科病院への入院

8．認知症は不思議な病気…………………………………… 124

4　公的支援の仕組みと介護休業法 … 127

1．認知症の人と家族を守る … 127

成年後見制度［法定後見制度の概要／任意後見制度の概要］／家族信託／遺言／日常生活自立支援事業

2．障害者支援の制度 … 133

精神障害者保健福祉手帳／身体障害者手帳

3．経済的支援制度 … 134

介護保険の負担軽減制度［高額介護サービス費／介護保険施設の食費・居住費の軽減／所得控除］／行政等の高齢者向けサービス

4．介護休業法の概要 … 136

5　認知症予防、症状改善Q&A … 138

1．認知症を予防したい … 138

親は、目が見えにくいようです／耳が遠くなったのではと気になります／入れ歯が合わないので外しています／親はメタボで、たばこもやめようとしません／家でテレビを見てばかりで、外出しません／体臭に気づかないのが不思議です／眠れないのが親の一番の悩みです

2．認知症かもしれないと思ったとき … 147

同居の親の認知症に気づくのはどんなときですか／遠距離に住む親の認知症に気づくのはどんなときですか／親自身が認知症を疑っているのかと気になります

3．MCI（軽度認知障害）とは … 151

医師からMCIと言われたのですが、認知症ではないのですか／MCIから認知症に進まないために気をつけることはなんですか

4．BPSD（行動・心理症状）とは……………… 155

親がアルツハイマー型認知症と診断されました。いつ頃徘徊するようになりますか／父が毎日徘徊するので困っています／父が徘徊するので仕事に行けません／母に「財布を盗んだ」と疑われたので、「そんなことをするわけない」と怒鳴ってしまいました

表紙カバーデザイン──矢部竜二

1　認知症の基礎知識

1．記憶のしくみ

◆記憶力の低下（老化）と認知症

　若い頃に比べて記憶力が低下するのは、加齢やストレスにより脳の血流が悪くなって神経細胞数が減少することと、神経細胞の結びつきが弱くなることが原因です。脳の神経細胞は成人に達するまでに140億個あり、その後は1日10万個が失われていくので、20歳時の脳の重量と80歳時を比べると、10～20％減少することになります。ただし脳には余力があり、生涯使われない部分も多いことがわかっています。

　近年では、「年齢を重ねても、記憶力はそれほどは低下しない」という説も出ています。まれな例ですが、115歳で亡くなった女性の脳を解剖したら、脳細胞はほとんど老化していなかったそうです。度忘れの回数は大人も子どもも大して変わらないという調査結果もあり、大人になると忘れることに神経質になるが、子どもは思い出せなくても気にしないだけだともいわれています。そうはいっても、年をとるにつれ、顔はわかるのに名前が出てこないようなことが増えてくると、気になります。

　脳の機能について、顔などの画像データを蓄える部分と、名前という記号データを蓄える部分が別であることが明らかになっています。子ども時代は、顔と名前のデータが少ないのですぐに思い出せますが、たくさんの人と出会ってきた中高年は、それぞれの頭の引き出し

が一杯になっていて、特に名前を思い出すのに時間がかかるようです。思い出そうとしても全然出てこなかったのに、しばらくたってから突然思い出すことがあります。頭の中で、データ処理をし続けて顔情報と名前情報がつながったということでしょうか。

　年をとるともの忘れが増えるのは仕方がないと受け入れるとしても、もの忘れによって日常生活に支障が出てくるようになったら、認知症を疑ってみることが必要です。認知症の専門外来を「もの忘れ外来」と名づけている病院があるように、認知症ともの忘れには密接な関係がありますが、認知症は脳の神経細胞が異常なスピードで減少していくために起こる症状で、単なる老化では片づけられません。

◆年相応のもの忘れと病的なもの忘れ

　年相応で心配のないもの忘れと、病的なもの忘れを比較してみましょう。

〔年相応のもの忘れ〕	〔病的なもの忘れ〕
体験の一部を忘れる	体験全体を忘れる
忘れやすいことを自覚している	忘れやすいことを自覚しなくなる
ヒントをもらえば思い出せる	ヒントをもらっても思い出せない
日常生活にほぼ支障がない	日常生活に支障をきたす

　たとえば、きのうの夕飯のメニューを思い出せない、などは多くの人が経験しています。最近忘れっぽくなった自分に不安を感じて、昨夜一緒だった同僚に「夕飯、何を食べたかなあ」と聞いてみたところ、「駅前の居酒屋で…」と言いかけた同僚の言葉をきっかけに、「そうだ、焼き鳥だ」と思い出せた。これが、年相応のもの忘れです。

　これに対して認知症の人は、「きのうは夕ご飯をごちそうさまでした」と言われても、「何の話？」と返し、「えっ、きのう一緒に居酒屋に行ったじゃないですか」に対しても、「行ってないよ」。「焼き鳥を食べましたよね」「食べてない」というような会話になる可能性が高

いのです。

　あるいは、海外旅行に出かけた認知症の母親が、帰国後の定期受診の際に主治医から「娘さんと旅行されたそうですね。どちらに行かれたのですか」と質問され、「熱海です」と答えたという例もあります。プライベートの旅行なので、日常生活に支障はきたさなかったかもしれませんが、これが仕事の出張だったらどうでしょうか。体験全体を忘れると、時間の帯も途切れてしまうので、日常生活にさまざまな支障が出るようになります。

◆**記憶の仕分け**

　認知症は「もの忘れ」から始まる例が多いのですが、「忘れる」ためにはそれをもともと覚えていたかが問われます。覚えられないものは思い出せません。

　そこで、まず記憶について考えてみましょう。記憶には、「覚える」「保つ」「思い出す」という３つの段階があります。五感を通じて得られた情報を脳の中にインプットして、それを脳内に保持し、必要になったときにその情報を取り出すという一連の操作が記憶のしくみです。脳の奥にある「海馬(かいば)」という器官が情報の要不要を判断し、必要な情報は「大脳皮質」に送られて保持されます。思い出すときは、保持された情報のなかから最適なものに焦点が当てられ、脳細胞が活性化して意識にのぼります。思い出そう思い出そうとしていたら、突然ぱっと浮かんでくるという経験は、だれにもあることでしょう。

　記憶を時系列で見ると、「短期：数分間」「近時：数時間から数日間」「長期：数ヵ月から一生」に分類できます。認知症の診断では、記憶の保持時間から、「即時：情報入力後約１分間」「近時：情報入力後３〜４分間」「遠隔：発病する前」の３分類が用いられます。

　また、「言葉で説明できる記憶」と「身体が覚えた記憶」に分けることもできます。言葉で説明できる記憶には、「この前の日曜日に家

族で遊園地に行った」というような、実際に自分が経験した「エピソード記憶」と、「リンカーンは第16代アメリカ合衆国大統領」のように学習して覚えた「意味記憶」があります。自転車に乗る、包丁で大根をむくなど、身体が覚えた記憶は「手続き記憶」といいます。

記憶障害を持つ認知症の人たちは、記憶に関して、年を追うごとに「エピソード記憶＞意味記憶＞手続き記憶の順に忘れる」といった特徴が見られます。

たとえば、認知症の親が自転車で出かけるのが心配と悩む家族がいますが、身体的に問題がなければ、認知症になっても自転車に乗ることができます。大根と包丁を渡されると、大根を回しながら薄くきれいにかつらむきができる認知症の人もいます。まさに昔とった杵柄です。けん玉やお手玉など子どものときに楽しんだ遊びは、認知症が進んでも身体に染みついているようです。

一生懸命覚えた「意味記憶」も忘れにくいようです。筆者はグループホームで認知症の人たちと百人一首をしたことがありますが、上の句の途中で札がとれる人たちがたくさんいました。歴史や地理に詳しい人と話したときは、本当に認知症なのだろうかと疑うほどでした。

一方、エピソード記憶については、意識して覚えようとしないことや記憶事象の繰り返しがないことから忘れやすいのかもしれません。淡々と過ぎていくことは、記憶の対象にはならず、脳の中に保持されないのでしょう。

◆認知症の人の記憶の特徴

❶近い過去から忘れていく

認知症になっても、子どもの頃に脳にしっかり刻まれた記憶は最後まで残るといわれています。認知症の妻が自身の兄弟や親戚のおじさんは覚えているのに、夫については「知らない人」と言うことはめずらしくありません。出会った頃の精悍な姿であれば覚えていたかもし

れませんが、目の前にいる中年のおじさんがだれなのかは、わからないのでしょう。引っ越したことを忘れて前の家に帰ろうとしたり、生まれ育った家に帰ろうとするのも、新しい記憶から忘れていくことによるものです。この現象を、発見した人の名から「リボーの法則」と呼んでいます。

　バナナの食べ方を忘れた人がサンマを骨だけ残してきれいに食べたり、童謡を最後まで歌えても付き添っている娘がだれなのかわからなかったりと、その人の歴史を感じさせます。

❷今と過去が混乱する

　記憶があやふやになると、時間の経過がわからなくなります。エピソード記憶（思い出の数々）を時系列で並べることができなくなるので、認知症の人は、何年も前のことを昨日のことのように話したり、すでに亡くなっている人が生きて登場したりします。そのため、話している相手を混乱に巻き込むことも少なくありません。

❸未来のことを覚えられない

　待ち合わせの場所にこない、会合があったことを忘れる、約束を守らない。これらは、未来に関する記憶を失ったことによるものです。「予定記憶の障害」ともいいます。認知症の人は、予定を家族に教えてもらっても覚えられないので、「これからどこに行くのだろう」「明日は何をするのだろう」と、いつも不安を感じています。

　過去の記憶と未来の行動が予測できるから、「いま、ここでこうしていていいんだ」と安心して過ごせるのだと思います。認知症の人が「いま何時」と何度も聞くのは、いまを確認してこれからの予定を思い出そうとしているのかもしれません。

◆強い感情をともなった記憶は忘れにくい

　「認知症だから忘れるだろうと思ったのに、忘れてほしいことは忘れない」という話もよく聞きます。筆者は、認知症の父親が「10万円

を返せ」と知人の家に怒鳴り込むのでほとほと困っているという相談を受けたことがあります。貸したことは覚えているのに返してもらった記憶が抜け落ちているのです。もしかしたら、貸してほしいと頼まれたときは、返してもらえなかったらどうしよう、困っているのに貸さないのは不人情ではないかなど、貸そうか貸すまいか悩んで、やっぱり貸そうと決心した経緯があったのかもしれません。貸したときは強い感情をともなったので記憶がしっかりインプットされた一方で、返してもらったときは「ああ、そう」とさっと受け取ったため、記憶に残らなかった可能性があります。

　楽しいことだけを覚えていてほしいのに、つらかった思い出ばかり話すので嫌になってしまうという家族は少なくありません。楽しさよりもつらさのほうが感情が激しく動くからかもしれません。また、なぜ叱られたかは忘れても、自分を大声で怒鳴った人の顔は覚えているので、叩いたのが自分の子どもであっても、怖がるようになったという人もいます。

2．認知症とは

　認知症は、2004年12月から使用されるようになった用語です。それ以前は、「痴呆」と呼ばれていました。痴呆には「あほう」「馬鹿」に通じる侮蔑的な意味があり、「痴呆になると何もわからなくなってしまう」という誤ったイメージをもたらしていました。そこで、厚生労働省の用語検討会において、「認知症」がもっとも適当であるとして名称が変更されました。

◆「認知症」は病名ではなく症状

　本書ではここまで、認知症という言葉を病名のように使用してきま

したが、正確には、「いったん正常に発達した知能が、なんらかの原因で日常生活に支障をきたすほど低下した状態」が認知症です。病名ではなく、症状を表わす言葉であり、認知症の原因となる病気は70種類以上あります。

これを別の病気で考えてみると、たとえば「お腹が痛い」という症状に対して、「腹痛症」という病気だ、と診断する医者はいません。腹痛は、胃や腸、肝臓や膵臓、心臓の不調でも起きます。原因を鑑別診断して病名にたどり着き、それに合った治療をするのが医師の役目です。原因も調べずに「認知症ですね。薬を出しましょう」というのは本来はありえないというのが、専門医の見解です。

認知症を引き起こす原因は多種ですが、普段よくある病気を分類すると、大きく以下の３つになります。このなかで一番多い、脳にゴミ（異常なタンパク質の塊）がたまる病気による認知症も３つあります。「３つ３つで覚える」といいようです。

①脳にゴミがたまる病気
・アルツハイマー型認知症：60％
・レビー小体型認知症　　：10％
・前頭側頭型認知症（ピック病を含む）：その他（以下の③）でカウント

②脳梗塞や脳出血による
　脳血管性認知症　　　　：20％

③その他の病気　　　　　：10％

◆アルツハイマー型認知症

ドイツの精神科医アロイス・アルツハイマー（1864～1915）は、56歳で亡くなった女性の脳を解剖したところ、肉眼で見える大脳皮質の萎縮と顕微鏡下で脳内に斑状の物質の沈着、神経細胞内のもつれた糸のような繊維などが観察され、それを1906年に南西ドイツ精神科医学

会で発表しました。女性は進行性の知能、記憶、見当識の認知障害を起こし、51歳のときから精神病院に入院していました。この症例報告に会場は静まり返ったそうです。学会発表から４年後の1910年、ドイツの精神科医エミール・クレペリンが、アルツハイマー病と命名して精神医学の教科書に取り上げました。これが、アルツハイマー型認知症、若年性アルツハイマー病などの疾患名の起源になりました。以来、たくさんの症例研究が行なわれています。

　アルツハイマー病の人の脳には、神経細胞の外側にアミロイドβというタンパク質が溜まってできたシミ（老人斑）と、神経細胞内にタウというタンパク質が過剰にリン酸化して糸くず状になった神経原繊維が認められます。これらが神経毒となって神経細胞を死滅させ、脳の萎縮が激しくなります。アルツハイマー型認知症かどうかの鑑別では、画像診断をして、特に海馬の萎縮が診断の決め手になることが多いようです。海馬は左右のこめかみの奥に一対ずつあって、断面がタツノオトシゴの形に似ています。タツノオトシゴの英語名Sea Horseを直訳して海馬になったとの説もありますが、定かではありません。

　海馬は記憶の中枢と呼ばれています。海馬を手術で切り取った人がその後、新たに記憶ができないという症状を呈したため、海馬が記憶をつかさどる部位であることが判明しました。アルツハイマー病は海馬の萎縮から始まることが多く、アルツハイマー型認知症では記憶障害が顕著に見られます。

　一方で、即時記憶は海馬を介さずに直後なら保持されることもわかっています。電話番号を口頭で告げられたとき、７桁くらいであれば番号を復唱しながら電話をかけることができます。

　「こんにちは。角田です。きょうは良いお天気ですね」とアルツハイマー型認知症の人に挨拶をすると、「あぁ、角田さん、こんにちは。良い天気ですね」と応えてくれます。認知症が進んでもこのよう

な会話ができるのは、挨拶が身についていることと即時記憶によっておうむ返しができるからです。しかし、角田という名前や、会った人のことはその人の脳には残らないでしょう。海馬の萎縮により記憶ができないと考えられるからです。

　近年の研究で、アルツハイマー病は記憶はつくられるが思い出せないことがわかってきました。いずれにしても、周りの人は、「もう忘れたの」と叱責したり嘆いたりするのではなく、「覚えられないこと」を理解して接することが大切です。

　また、脳の左右の側頭葉の内側には、扁桃体と呼ばれる神経細胞の集まりがあります。扁桃というのは平べったい桃という意味で、アーモンドの和名です。炎症を起こすと高熱が出たりする喉の扁桃はよく知られています。脳の扁桃体は、脊椎動物にそなわる、敵か味方かを判断して危険を察知する部位です。たとえば、小さな魚が大きな魚を目にすると、扁桃体が「敵だ、食べられてしまうぞ」と危険を察知し、ストレスホルモンを大量に出して筋肉を増強し、いつもよりもすごいスピードで泳いで逃げられるようにします。

　病気で扁桃体が機能しなくなった女性が、不審な男性にナイフで脅されても恐怖を感じる様子もなく冷静に対応したという話があります。

　扁桃体は、動物が危険を回避して生き抜くのに重要な役割を果たしていますので、脳の内側で守られていて、アルツハイマー型認知症になっても最後まで強固であるといわれます。また、扁桃体は嫌悪のような不快な感情にも関連が強く、言葉では優しいことを言っていても目が笑っていないことが読み取れるので、自分にとって良い人か悪い人かを見抜くことができます。

　認知症になっても心は生きているといわれるように、認知症の人は、理性や記憶に惑わされない分、喜怒哀楽を鋭く感じてストレー

に表現することも多いようです。感情をともなった記憶は残るというのも、扁桃体と海馬が連動しているからです。たとえ内容は記憶できなくても、良い感情の余韻は残り、不快感はあとを引きます。

　認知症を発症する20～25年前から脳の中にアミロイドβが溜まり始めることがわかっています。アミロイドβが溜まらないように、あるいは溜まったものを分解できれば、アルツハイマー型認知症の予防や治療の道筋が見えるのですが、まだ実用化されていません。

　アルツハイマー型認知症の場合、本章で紹介する抗認知症薬で進行を遅らせる効果を得られる人もいるほか、本人の生活改善や周りの人のサポートで、重症化せずに何年も自立して暮らしている人も増えています。

◆レビー小体型認知症

　レビー小体は、1912年にドイツの神経学者フリードリッヒ・レビーによってパーキンソン病の人の脳幹で発見された小さな丸い物質です。αシヌクレインというタンパクが異常構造化したもので、レビー小体が集まったところでは、神経細胞が壊れて減少しています。ただし、レビー小体はCTやMRIなどでは見ることができないので、生前には確認できません。筆者は、死後の脳の細胞片を顕微鏡で観察したときに、まん丸なレビー小体を見たことがあります。なぜレビー小体が生じるかはわかっていません。

　レビー小体型認知症は、1976年に日本の精神科医である小阪憲司医師によって確認されました。名づけられたのは1995年、翌96年に診断基準が提唱され、診断基準は年ごとに新しくなっています。これまでの診断基準で見ると、以下の特徴があげられます。

・パーキンソン症状（手足の震えや筋肉が硬くなって姿勢のバランスがとりづらい、歩幅が小さい前かがみ歩行など）
・幻視（小動物や虫、人物などがありありと見える）

・レム睡眠行動障害（浅い眠りのときに夢を見て、大声を出したり暴れたりする）
・多種の身体不調（自律神経のバランスの崩れ）
・認知機能や意識レベルの激しい変動

　これらの症状がある場合は医師に伝え、頭部CT／MRI、脳血流SPECT、心筋MIBGシンチグラフィー、DATスキャンなどの検査で鑑別してもらいます。
　レビー小体型認知症は、アルツハイマー型認知症の治療薬として使われているドネペジル（アルツハイマー型認知症で不足するアセチルコリンという神経伝達物質を増やす作用のある薬）で症状が緩和されることがあります。特に幻視が少なくなる効果が認められています。そのため、ドネペジルはレビー小体型認知症の治療薬として保険適用されています。薬剤一般に対して過敏に反応する傾向があるため、医師によく相談しながら服用することが大切です。

◆前頭側頭型認知症

　アルツハイマー型認知症のような海馬の萎縮ではなく、前頭葉と側頭葉の萎縮が激しいのが、前頭側頭型認知症です。日本では長い間、ピック病と呼ばれていましたが、1996年にスウェーデンのルンド大学とイギリスのマンチェスター大学のグループがピック病を前頭側頭葉変性症の一種とみなして以来、ピック病という名称はあまり使われなくなりました。
　ちなみに、ピック病は1892年にこの病気を最初に報告したチェコの医師アーノルド・ピックの名前にちなんでいます。ピック病では、タウという異常なタンパク質がピック球という構造をとって蓄積しています。ピック球がなぜできるのかはわかっていません。
　TDP-43というタンパク質が蓄積することで発症する前頭側頭型認知症もあります。ピック球もTDP-43も、生きている人の脳から検出

することはできないので、頭部MRI検査で前頭葉や側頭葉に限った強い萎縮が見られる場合や、萎縮の程度は軽度でも脳血流SPECT検査で前頭葉と側頭葉の血流の明らかな低下が認められる場合は、この病気が疑われます。

　前頭葉は脳全体の司令塔ともいわれており、生きていくための意欲、情動にもとづく記憶、実行機能、人格・社会性などをつかさどっています。一方、側頭葉は、聴覚、嗅覚、感情、言語、記憶などとかかわりを持つ部位です。これらの部分の神経細胞が徐々に壊れて萎縮した結果、以下のような前頭側頭型認知症に特徴的な症状が見られるようになります。

・脱抑制（不適当あるいは衝動的な行動、マナーの欠如）
・無関心、無気力、自発性の低下
・共感や感情移入の欠如（他者の感情を読むあるいは体験を想像する能力の低下）
・常同的または強迫的な行動（繰り返す動き、言葉、行動など）
・口唇傾向（なんでも口に入れる）と食習慣の変化（嗜好の変化、過食、飲酒の増加、異食など）
・特徴的な認知機能障害（記憶と視空間認知は保たれ、遂行機能に障害がある）

　これらのうち、3項目以上が該当すると、前頭側頭型認知症の可能性があると診断されます。発症年齢は40代から60代で、50代が発症のピークで、若年性認知症の一種でもあります。

　発病を防いだり進行を止めたりする根本的な治療薬の開発はこれからの課題です。前頭側頭葉変性症は2015年に指定難病に認定されました。難病医療費助成の支給認定を申請すると、医療費と介護保険の負担割合や、医療費の自己負担上限額が下がる可能性がありますので、申請することをお勧めします。

◆**脳血管性認知症**

　脳梗塞や脳出血、クモ膜下出血などの脳血管障害によって病変周囲の神経細胞が障害されるために起こる認知症です。

　脳には常に新鮮な血液が必要で、血液中の酸素や栄養素が途絶えると脳細胞が死んでしまいます。死んだ脳細胞は再生することがないので、MRIやCT検査で、何十年も前の脳梗塞の跡を見つけることができます。動脈硬化などで脳の血管が詰まって血流が途絶えても、3時間以内に再開通されれば、症状が劇的に改善することがわかってきました。家族に脳血管疾患の兆候が見られたときは、一刻も早く専門病院に搬送することが大切で、脳血管性認知症を防ぐ究極の方法です。

　脳血管性認知症は、大きな脳血管障害が起きたあとに急激に発症し、その後、小さな障害が起こるたびに悪化するため、階段状に進行する認知症といわれます。自覚症状のない小さな脳梗塞が多数起きていたために認知症を発症する人もいます。新たに脳血管障害が生じないよう、血圧をコントロールしたり、血液をサラサラにする薬の服用、生活習慣の見直しが、進行を抑える方法になります。

　ダメージを受けた脳神経細胞の部位によって症状が異なり、正常な部分も残っているので、まだら認知症ともいわれます。アルツハイマー型認知症のように記憶障害から始まる人もいれば、記憶をつかさどる部分は正常だが判断力や感情をコントロールする部分がダメージを受けてそれが症状として表われる人もいます。

3．早期発見・早期対応のポイント

◆**治療可能な病気を見逃さない**

　「認知症は治る」などと表題をつけたテレビ番組がしばしば放映さ

れます。画期的な治療法を期待して視聴する人も少なくないでしょう。ある番組では、認知症を呈していた人がすり足で小刻みに歩くことから正常圧水頭症であることを突き止め、脳室に溜まった脳脊髄液をカテーテルで腹腔に流すシャント手術を施したところ、認知症の症状が消えたという内容でした。認知症の一症例を取り上げたものでしたが、認知症かもしれないと悩む人々には、治療可能な病気によっても認知症の症状が表われること、その病気の治療をすると認知症が治るという重要なメッセージが届けられたと思います。

　正常圧水頭症（なんらかの原因で脳脊髄液の灌流が滞り、脳室に脊髄液が溜まって脳室が拡大して脳に障害を及ぼす）、慢性硬膜下血腫（頭を打撲したあと、頭蓋骨の下の脳を覆っている膜と脳の隙間に、数週間～数ヵ月かかって血液の塊ができて、脳を圧迫する）や甲状腺機能低下症（甲状腺ホルモンが異常に低くなると動作緩慢、思考の迂遠状態が生じて認知機能が低下する。極端な場合は粘液水腫と呼ぶ）なども、認知症を誘発する可能性がありますが、早期に診断を受けて治療することで、認知症の症状が改善します。長期間、これらの病気を放置すると、たとえ治療に成功しても認知症症状の回復ははかばかしくありません。

　親が認知症だったらどうしようと悩みながら暮らしていては、仕事にも悪影響が出ます。「治る認知症かもしれない。もしそうなら、早期に治療をするほど回復が見込める」という事実は、受診を勧める大きな動機になるでしょう。

◆うつ病やせん妄を鑑別する

　認知症と間違いやすい病気に、「うつ病」と「せん妄」があります。

　うつ病は気分（感情）障害の一種で、生涯有病率は人口の7.5％（15人に1人）です。「ストレス環境」「脳の変化」「なりやすい体質」が重なったときに発症し、ほとんど毎日、終日、気分がひどく落ち込

んでやる気が出ず、興味や喜びを感じられなくなります。食欲低下、体重減少、睡眠障害、全身倦怠感、強い罪責感、思考力や集中力の低下、死への思い、身体の不定愁訴や被害妄想などの精神症状が認められることもあります。脳内の神経伝達物質の不足や不調によるもので、性格や考え方の問題ではありません。脳内のエネルギーが枯渇して脳のシステム全体がトラブルを起こしている状態ともいえます。「自分が病気ではないか」と過度に悩む傾向が見られます。「わからない」「できない」と訴え、見た目には認知症に似てきます。

　認知症との鑑別はむずかしいので、精神疾患の専門医への受診をお勧めします。うつ病は休養と服薬治療がメインになり、「抗うつ薬が効いたので認知症ではなくうつ病だった」と事後判断されることもあるようです。

　せん妄は急性の身体疾患にともなって生じる軽い意識障害で、程度は違いますが、寝ぼけと同様にとらえられます。高齢になって脳の機能が低下しているところに、入院や手術、身内や友人の不幸、旅行、住環境の変化などのストレスが加わると、それが引き金となって発症するといわれます。

　「急にボケた、夜だけボケる」といわれる状態の多くはせん妄かもしれません。入院中、突然暴れだしたり意味不明なことを言ったり、妄想や幻覚や幻聴があった人が、退院して自宅に戻ったらすっかり治まったということがよくあります。せん妄がひどいときは、抗精神病薬や漢方薬による治療が行なわれます。

　最近は、せん妄の原因として、薬の成分が注目されています。せん妄が起きたときは医師や薬剤師に服用している薬を調べてもらい、医師にその薬を中止するか別の薬に変えてもらうと治まるケースがあります。せん妄は認知症と違い、一過性で数時間から数日間に起こり、アルツハイマー型認知症の治療薬は効きません。

◆**認知機能低下を予防する**

　早いうちに専門医を受診して、軽度認知障害（MCI）と診断されたなら、これから先の認知機能の低下を遅らせることができます。アルツハイマー型認知症を発症する前であれば、生活習慣の改善によって認知機能を現状維持、あるいは、あるところまで押し返せる可能性がありますので、早期受診をお勧めします。

　また、抗認知症薬は軽度認知障害に有効とする論文、無効とする論文が、あいなかばしています。早期に診断を受け、また運動を日常生活に取り入れるなど、生活改善に取り組むとよいでしょう。

◆**原因がわかれば、不安の解消につなげられる**

　認知症によるもの忘れを、「記憶の帯」で説明することがあります。エピソード記憶は過去から現在まで帯のようにつながっています。認知症になると、その帯がところどころスパッと切断されてしまい、切断された部分の記憶がすべて抜け落ちてしまいます。

　たとえば、家から目的地まで移動したとします。スタートからゴールまでつながって覚えていれば、現在地を把握でき、その逆をたどって家に帰ることもできます。しかし認知症の人は、家を出てからの記憶がない、つまり記憶の帯が途切れてしまうため、いまいる場所が家とどのような位置関係にあるのかが、まったくわかりません。「ここはどこ」「何をしようとしていたの」という本人の不安は、いかばかりでしょう。

　このようなことが一日に何度もあったらどんな気持ちになるでしょうか。自分はダメな人間になったと自信が持てなくなったり、家族に不安を悟られたくないので当たり散らしてしまうことも推察できます。元気がなくなった、頑固になった、怒りっぽくなったなど、親御さんの表面的なことで家族は心配したり悩んだり、けんかになったりしますが、本人の思いを想像するのはむずかしいと思います。

親の様子がおかしいと、何年も不安や猜疑心や葛藤のなかで暮らすよりも、介護をあまり必要としない早期に認知症の診断が下りれば、介護する側は仕事との両立に向けて働き方を変えたり、介護保険制度や両立支援制度を調べたり、職場の上司や同僚に相談できたりと、働くうえでも次のステップに進みやすいはずです。

　「診断当初はショックで落ち込んでしまった。落ち込むだけ落ち込んだら、落ち込んでいる自分に飽きてきて、仕事と介護を両立させるしかないと思えてきた」「よく考えたら、親はきのう、きょう認知症になったわけではない。これまで暮らしてきたのだから、これからだって大丈夫」など、気持ちが前向きになって生きる力を取り戻していきます。

　親の変化は認知症状だったのだと腑に落ちたり、これまでの困った言動は病気のせいだったんだとホッとしたり、これからは一緒に認知症に向き合っていくしかないと覚悟ができた人もいます。

　本人にとっても、初めはショックで冷静に考えられないかもしれませんが、何かをきっかけに、自分の認知症とどうつき合えば暮らしやすいかを考える時間を持てると思います。認知症が軽度のうちから周りの人に適切な対応をしてもらえたら、行動・心理症状（BPSD）を防いで穏やかに暮らせる時間も長くなることでしょう。そのためにも、早期診断を心掛けたいものです。

4．病院の選び方、本人への受診の勧め方

　認知症の診断をしている診療科は、精神科、神経内科、脳神経外科、老年科が一般的で、もの忘れ外来、認知症外来と特化している病院もあります。

◆病院の選び方

　会社を休んで受診に付き添ったのに、医師からは、「病名だけを告げられて、認知症に関する説明はなかった」「薬の処方だけで、なんのアドバイスもなかった」では、先々を悲観することにつながりかねません。そうならないためには、認知症専門医（認知症診療に関する十分な知識と経験がある医師）に診てもらうことをお勧めします。

　認知症専門医は、日本老年精神医学会および日本認知症学会が認定しています。それぞれのホームページで都道府県別に専門医の氏名や所属、診療曜日・時間、初診までの対応などの情報を得ることができます。

・公益社団法人日本老年精神医学会（http://www.rounen.org/）の「高齢者の心の病と認知症に関する専門医検索」「こころと認知症を診断できる病院&施設検索」
・日本認知症学会（http://dementia.umin.jp/index.html）の「専門医一覧」

　また、認知症の鑑別診断を受けるには、認知症疾患医療センターがお勧めです。厚生労働省の肝いりで全国で500ヵ所の整備をめざしている、都道府県と政令指定都市が地域の認知症施策の拠点として指定した病院や診療所です。規模によって基幹型、地域型、連携型（診療型）があります。センターでは、認知症の鑑別診断と初期対応、行動・心理症状と身体合併症の急性期対応、専門医療相談などを行なっています。医療相談室もあり、電話や面接で本人と家族から相談を受けて、受診予約、医療機関の紹介をするほか、診断後には、本人と家族への情報提供や関係機関と連携して介護サービスや地域の支援に結びつけてくれます。インターネットで、「認知症疾患医療センター」と「都道府県や政令指定都市名」を検索すると、身近にあるセンターが調べられます。

認知症は、診断されてから長期にわたる介護を必要としますので、介護を念頭において病院を探すのが得策です。

◆**受診方法を確認する**

　日本には、国民皆保険といわれる優れた医療制度があり、医療機関に保険証を提示すれば、一部の自己負担金を支払うだけで必要な医療が受けられます。そのため、「いつでも」「好きな病院に」かかることができる一方で、軽症患者が設備の整った大病院に押しかけたため、高度で専門的な医療を必要とする重症患者が治療を受けられない事態が発生していました。

　そこで厚生労働省は、「初期の治療は地域の医院・診療所（かかりつけ医）で、高度・専門医療は大病院で」という患者の流れをつくり、高度先端医療を提供する「特定機能病院」を受診するには、かかりつけ医による「紹介状（診療情報提供書）」を必要とすべく医療制度を改めました。現在、地域医療支援病院を受診する際も紹介状を必要とします。紹介状がない場合は、特定機能病院および一般病床400床以上の地域医療支援病院は初診時が5000円以上、再診時でも2500円以上の選定療養費がかかります。一般病床200床以上400床未満の病院は、選定療養費を自由に設定できます。

　認知症についてもこの制度が適用されます。認知症の鑑別診断は、初期であるほどむずかしく、数種の画像検査や神経心理学的な検査が欠かせないため、検査機器や臨床心理技術者がそろった病院への受診をお勧めします。かかりつけ医は、内科でも整形外科でも診療科は問いませんので、親が日頃通院している医師に気になる状態を伝え、認知症を専門的に診ている病院への紹介状を書いてもらいます。

　かかりつけ医がいない場合は、高齢者に関する総合相談窓口である地域包括支援センターに相談して、第一ステップとなる診療所を紹介してもらいましょう。最寄りの認知症疾患医療センターに電話をし

て、受診方法を教えてもらうと、スムーズに運びます。

　また、親をやっと病院に連れて行ったら完全予約制だったということにならないよう、行きたい病院の目途がついたら、受診方法を調べます。病院のホームページには、予約方法、外来診療の流れ、費用、持参するもの、かかりつけ医に依頼する紹介状の書式などの情報が載っています。総合受付に電話で問い合わせてもいいでしょう。

◆**日時を予約する**

　初診時には、家族が付き添いたいものです。仕事が調整できる日時を選んで予約をします。

　病院によっては、本人が自分で予約をする「もの忘れ外来」と、家族が予約をする「認知症外来」に分けているところがあります。また、本人の受診の前に家族だけで専門医に会い、これまでの経過を伝えて今後の対応を相談できる病院もあります。この場合、本人の医療保険が使えないため自費診療（5000円前後）となりますが、家族の不安を聞いてもらえるほか、本人に受診を勧める方法についても医師から助言を受けられます。

◆**本人への受診の勧め方**

　本人は自分の異変にいち早く気がついています。認知症ではないかと不安に思っているところに「アルツハイマー病かどうか診てもらいましょう」と家族に言われたら、反発したくなるのは当然です。本人が受診をしてもいいと思えるような誘い掛けをしてみましょう。

　「病院に行ってみませんか。老化のスピードを遅くする良い薬があるそうです」「〇〇歳を過ぎたら、健康診断を毎年受けることが大切だと日野原重明先生が言っていましたよね」「私が脳ドックを受けたいので、一緒に行ってくれると心強いんだけど」など、認知症という言葉を使わないほうがいいようです。「病院で認知症ではないことを確認してもらいましょう」なども、効果があった例としてあげられま

す。子どもが本気で心配していることが伝われば、子どものために受診しようと思う親もいますので、諦めずに何度も誘います。

5．受診と認知症の検査

　予約した日時に病院に連れて行く際は、仕事を休んでも親の受診に付き添うことをお勧めします。高齢者は急いだり焦ったりすると心拍数や血圧が上がって気分が悪くなりやすいので、交通渋滞や遅延も想定してゆとりをもって出かけましょう。

◆**診察までの流れ**
　❶初診時の持ち物
　・健康保険証か老人医療証
　・介護保険証
　・かかりつけ医からの紹介状（診療情報提供書）
　・お薬手帳（なければ薬。市販薬やサプリメントも持参するとよい）
　❷問診票への記入
　初診の場合、医師の診察を受ける前に、問診票への記入を求められることがあります。受付で記入する病院と、事前に家で記入した問診票（認知症チェックシート）を持参する病院があります。事前記入用の問診票は郵送されてくるか、病院のホームページからダウンロードするように指示されます。
　問診票には現在の状態、いつ頃変化に気づいたか、変化のきっかけがあったか、これまでにかかった病気やけが、他の病院への受診歴、日常生活の様子や家族構成などを記入しますので、本人に確認するとともに、親の日常の暮らしぶりを知っている人からも話を聞いておきます。箇条書きにしたメモを持参すると役立ちます。

❸医師の診察

医師は、まず本人から話を聞きます。家族が本人に代わって答えてしまうと、正確な診断につながりません。質問に答えられなかったり、取り繕って答えたり、しぶしぶ受診したので「何も困っていません」と言った場合でも、すぐに横から口を出すのは控えましょう。

医師が家族に質問したら、落ち着いて、本人を傷つけないように気を配りながら、正確な情報を伝えます。緊張して上手く話せるか不安なら、Ａ４判用紙１枚程度にまとめたメモを医師に渡すと、医師はそれを参考にして診断につなげてくれます。問診のあとで今後、必要な検査について説明があります。受診の当日に受ける検査（医師の面談前に受けることもある）と後日予約をして受ける検査があります。

◆検査項目

個別に必要な検査は医師が判断します。どのような検査なのか、目的は何かなど、知りたいことがあれば医師に質問しましょう。後日、検査を受ける場合は予約をし、検査前の注意事項を確認します。

検査当日は、本人が不安にならないように付き添います。

❶一般的な検査

他の病気の可能性や健康状態を調べるために、血液検査、心電図検査、感染症検査、胸部Ｘ線検査などの一般的身体検査を受けます。前日から飲食に関する指示が出ているかを確認しましょう。

❷認知症検査

①神経心理学的検査

認知症の鑑別診断を補助し、かつ認知症の進行度合いや治療効果を評価するための検査です。代表的なものとして以下があげられます。

- 長谷川式認知症スケール（Hasegawa's Dementia Scale-Revised：HDS-R）
- MMSE（Mini-Mental State Examination）

②脳画像検査

脳の形態を見る画像検査として、
・CT（X線撮影）
・MRI（磁気共鳴画像撮影）

機能画像検査としては、
・SPECT（単一光子放射断層撮影）：脳の血流の様子を見る
・PET（陽電子放出断層撮影）：ブドウ糖や酸素の代謝を見る

に加え、先進医療技術として脳内のアミロイドβの有無を画像化できるアミロイドPETも普及しつつあります。

③その他の検査
・MIBG心筋シンチグラフィ：レビー小体型認知症の鑑別に用いる
・脳波、脳脊髄液検査：てんかんや髄液中のアミロイドβを調べる

6．診断結果を聞く

結果報告のある診察日を指定されたら、診断結果を聞きに行くことになります。その場合、本人も一緒か、家族だけでよいのかを確かめておくとよいでしょう。医師からは、認知症かどうか、原因疾患、認知症の程度、処方薬、治療方針などが伝えられます。

◆認知症の診断基準

以下は、認知症の診断基準の一例です（「DSM-Ⅳ-TR精神疾患の診断・統計マニュアル」（米国精神医学会編）による認知症の診断基準）。

①記憶障害（新しい情報を覚えられない、以前に学習した情報を思い出せない）がある

②以下の認知障害が1つ以上ある
・失語（言語の障害）

・失行（運動機能は障害されていないのに、運動行為が障害される）
・失認（感覚機能が障害されていないのに、対象を認識または同定できない）
・実行機能（計画を立てる、組織化する、順序立てる、抽象化する）の障害
③上記の記憶障害、認知障害により社会生活上あるいは職業上、明らかに支障をきたしており、以前の水準から著しく低下している
④上記の記憶障害、認知障害はせん妄の経過中のみに起こるものではない

　医師の説明に、わからないことや疑問に思ったことがあったら、率直に質問しましょう。「忘れやすいのでメモをさせてください」と医師に断わって記録しておくと、あとで役に立ちます。医師の前では緊張して何も言えなくなってしまいそうな場合は、質問したいことを紙に書いて持っていくと安心です。

　診断結果は、できれば複数で聞くことをお勧めします。人間の耳は、どんなに集中していても聞き漏らすことがあるので、それを補えます。また、1人だと自分に都合のよいところだけを聞いてきて、伝言ゲームになってしまうことがあります。家族間で親の認知症に対する意見が分かれているなら、なおのこと医師の話を一緒に聞き、認知症介護のスタートラインにそろって立てるようにしたいものです。診断結果を聞く日が決まったら、関係者に連絡して同席をお願いします。

　ところで、認知症の原因疾患について、一度の検査で正確に鑑別できるとは限りません。半年、1年とかかる場合もあります。鑑別診断がおりなくても、本人が穏やかに暮らすことを目標に、医師と信頼関係を築いていきたいものです。

◆再診・定期受診
　引き続き同じ病院で診てもらうには、再診の予約が必要なところが

あります。鑑別診断のために大病院を受診したケースでは、紹介元のかかりつけ医や自宅に近い医療機関で診療を受けるように勧められます。これを逆紹介と呼び、診断名や治療法を書いた紹介状が発行されます。逆紹介を受けたにもかかわらず患者の意思で元の病院を受診すると再診時選定療養費を払わなければなりません。定期的に通院の付き添いをするには、交通の便がよくて通いやすく、本人が慣れている医療機関がお勧めです。主治医には介護保険の意見書を書いてもらうなど今後お世話になりますので、本人と家族が、医師と話をするのを心待ちにするような信頼できる医師に出会いたいものです。

◆診断後に家族がすべきこと

　認知症は、すぐに入院して手術が必要というような緊急性のある状態ではありません。これからのことを考える時間はたっぷりあります。診断を、認知症だったらどうしようと悩むステージから仕事と認知症介護の両立を実現させるステージに移るきっかけととらえてみてはどうでしょうか。

　認知症の程度によって、すぐに介護プロジェクトを始めたほうがいいケースもあれば、まだ介護を必要としないケースもあります。いずれも、今後の介護に備えて、主治医や病院の医療ソーシャルワーカー、あるいは地域包括支援センターに相談することをお勧めします。

　会社の上司や人事担当部署には、仕事に影響が出る前に報告して今後のことを相談しましょう。診断直後は穏やかな気持ちで話せないかもしれません。気持ちが落ち着いてから、時機を見て伝えましょう。職場で認知症介護のことをオープンにすると、次にとるべき行動を冷静に考えられるようになります。

◆本人の思いに寄り添う

　診断を聞いて、本人は家族以上にショックを受けたのではないでしょうか。筆者は、病院から帰ってから、親が部屋に閉じこもって泣

いているという相談を受けたことがあります。認知症に限らず、心が受けた衝撃は言葉になりません。家族に泣いているところを見られたくなくて、自分の部屋で泣いている心情を思いやることが大事ではないかと思いました。

　認知症の診断を否定したり怒り出したり、混乱してしまう人もたくさんいます。診断当初は、認知症についての説明や励ましや慰めよりも、親の言葉を否定しないで気持ちに共感し、そっと見守ることが大事です。自分の思いをわかってくれる家族がいると感じられれば、気持ちが落ち着いてくることでしょう。

◆**家族以外の人への認知症の告知**

　今後も親とおつき合いを続けてほしいと思う人には、知らせることをお勧めします。認知症と診断されたことを率直に話して、「今後も仲良くしてください」とお願いしてみてはどうでしょう。友人と過ごす時間は、人生を豊かにしてくれます。気心の知れた人たちに認知症のことを理解してもらえれば、安心して行動でき笑顔になれると思います。

　一方で、人には知らせないでほしいという親御さんもいます。「認知症の人」という目で見られたくない、病人扱いされたくないというプライドからであったり、心配をかけたら申し訳ないという思いやりの気持ちからということもあります。そういう場合は、本人の思いを尊重して、様子を見てもいいでしょう。認知症が進んでくると、友人との約束を忘れてしまったり、言った言わないでもめたり、相手を憤慨させてしまうことが起こりがちです。親の友人も年齢を重ねて以前よりも怒りっぽくなっていて、関係が終わってしまうことさえあります。それでは寂しすぎるので、折を見て友人に認知症であることを知らせて、それに応じた対応をしてもらえるようにお願いしておきましょう。

　親が認知症になったことを、親の近所に住む人に話したほうがいいかについては、悩むところです。親しくしている人には「実はうちの

親が認知症と診断されまして…」と話すことはできても、そうではない人に「親が認知症と診断されましたのでよろしく」というのはむずかしいでしょう。それでも、近所に住んでいるとなんらかの形で迷惑をかけたり心配してもらったりすることが起きる可能性があります。

　そのようなときには、率直に認知症であることを話し、これまで伝えてこなかったお詫びをするといいでしょう。「これからもここに住み続けることを親が望んでいますので、何かありましたら、私に連絡してください」と、連絡先を伝えることも忘れないでください。「認知症だと気づいていたけれど、声を掛けられなかった」と言われたり、「大変ね」とねぎらってもらえたり、「認知症介護の経験があるから」と協力を申し出てくれる人もいます。

◆相談先を調べる

　仕事をしていると、親が暮らす地域の人たちと交流する機会が少なく、理解のある人を見つけるのはむずかしいかもしれません。そこで、隣近所よりも少し範囲を広げて、地域で活動しているボランティアや認知症支援ネットワークにつながることを考えましょう。高齢者支援を行なうNPO法人や団体、傾聴ボランティアを探すなら「社会福祉協議会」、高齢者の見守り支援や福祉サービスの利用は「民生委員」に相談します。民生委員は厚生労働大臣から委嘱された特別職の地方公務員で、担当地区の一人暮らし高齢者を定期的に訪ねたり、家族の連絡先を把握して緊急時の支援などにあたります。守秘義務があるので、親が認知症であることも安心して伝えられます。

　このほか、生活保護や身体障害者手帳のことは「福祉事務所」、高齢者の健康や認知症について保健師等に相談したいときは「保健所」「保健センター」、消費者トラブルや悪質商法は「消費生活センター」の担当です。家事や庭木の剪定などを民間業者よりも安価で依頼したいなら「シルバー人材センター」も調べておきましょう。

1●認知症の基礎知識　37

7．認知症の治療薬

　認知症の治療は、認知症を抱えた本人が少しでも長く自分らしい生活を送れるようにすることと、家族が認知症の人と穏やかに暮らし介護負担を軽くすることを目標にしています。治療法としては、薬による治療（薬物療法）と、薬以外の治療（非薬物療法）の2つがあります。

◆抗認知症薬の効果と限界を知る

　認知症を引き起こす神経細胞の死滅を防いだり、神経細胞を再生したりする薬は、いまだ開発されていません。現在処方されている抗認知症薬はあくまでも対症療法で、症状の進行を数ヵ月から1年程度遅らせることができるといわれています。専門医から聞いたところによると、処方後に認知機能が改善したケースが3割、変化なしが4割、低下が3割で、長期的に見て寿命を延ばす効果は証明されていないそうです。

　本人や家族からは、「頭がすっきりした」「意欲的になった」「穏やかな状態を保っている」など、薬が効いたという声がある一方で、「些細なことに怒りっぽくなった」「興奮しやすくなった」「吐き気や腹痛、下痢などの消化器症状が起きて苦しい」と副作用を訴える声も聞かれます。漢方薬も含めて、薬には必ず副作用があり、薬との相性が良い人も悪い人もいます。抗認知症薬の場合、飲み始めや用量を増やしたときに副作用が出やすく、ある程度続けると症状が治まることが多いようですが、合わない場合は、減量や中止、他の薬への変更を医師に相談しましょう。長年服用している人のなかには、「変化がないのは効いている証拠だから飲み続けている」「効果を実感しているわけではないが、やめたら悪化するかもしれないので、やめられない」というケースも少なくありません。高齢者では、肝臓などで薬を

代謝して腎臓から排出する機能が衰えるため、6種類以上の投薬で有害事象の発生が増加するという研究報告があります。高血圧、脂質異常症、糖尿病、腰痛などで複数の薬を処方されている高齢者に抗認知症薬が加わると、薬の相互作用で薬が効きすぎてしまったり、反対に効果を打ち消し合ったり、副作用が激しくなる可能性もあります。

　抗認知症薬は、直接命にかかわる薬ではないため、「災害時超急性期における必須医薬品リスト」には入っていません。メリットよりもデメリットのほうが多ければ服薬しないという選択もあります。認知症で受診するときは、必ずお薬手帳か薬品名のリスト、または薬の実物を医師に見せて総合的に判断してもらいましょう。常用しているサプリメントの情報も伝えます。

　薬物療法では、薬の成分が血液中に一定の濃度になったときに効果が表われるので、頻繁に薬を飲み忘れたり、指示量よりも減らして飲んだりすると期待する効果は得られず、排出する負担だけが身体に課されます。また、認知症の行動・心理症状（BPSD）の原因が抗認知症薬の過剰摂取だったという症例も報告されています。

　認知症の人の診察にあたっては、本人が診察室では普段とは違う様子を見せることもあり、短時間で医師が患者の全容をとらえることはむずかしいと思われます。「いつもの薬を出しておきましょう」という診断に不満や不安を感じているなら、付き添った家族が前回の受診時に比べて変化したことを伝えなければなりません。医師には、気になる症状と服薬の実態をきちんと伝え、体格や身体状態に応じて薬を調整してもらいましょう。

　なお、抗認知症薬の一番の効用は、定期的に医師と相談でき、一緒に歩むことができるようになったことではないでしょうか。信頼できる医師や薬剤師がケアチームに入ってくれれば、本人も家族も心強いものです。

◆抗認知症薬

　現在、抗認知症薬は4種類あります。

❶アリセプト（一般名：ドネペジル）

　1999年に日本で初めてアルツハイマー型認知症治療薬「アリセプト」が発売されました。アリセプトを創薬した杉本八郎博士は、亡くなったアルツハイマー型認知症の人の脳を解剖して、神経伝達物質の一つであるアセチルコリンの活性が低いことをつきとめました。神経伝達物質は、神経細胞の興奮または抑制を他の神経細胞に伝達する物質のことで、十数種類が確認されています。脳内でアセチルコリンを分解する酵素の働きを抑え、アセチルコリンの濃度を高めることができれば認知症症状の進行を抑えられるのではないかと考え、「コリンエステラーゼ阻害薬（アセチルコリン分解酵素阻害薬）」を開発しました。この功績により杉本博士は「薬のノーベル賞」といわれる英国ガリアン賞特別賞を受賞しました。

　アリセプトは、1日1回、医師の指示により3 mgか5 mg、あるいは10 mgを経口摂取します。消化器系の副作用が出やすいので3 mgで身体を慣らし、通常は5 mgに、重症の場合は10 mgに増やします。軽度から高度まで幅広く適用されています。

　抑うつや無気力、無関心などの陰性症状を改善する効果が高いため、朝食後に服用して昼間薬が効くようにするのが望ましいものの、朝では家族が服薬を見守るのがむずかしい場合などは、毎日夕食後と決めて服用することも認められています。おやつのあとに飲んでいる人もいます。錠剤、口の中で溶ける口腔内崩壊錠、細粒やドライシロップ剤、ゼリー剤などの形態がありますので、飲みやすいものを選びます。

　アリセプトは、アルツハイマー型認知症だけでなく、2014年からレビー小体型認知症にも効果が認められ、医療保険が適用されています。その他の認知症には有効性が確認されていないため、処方はでき

ません。レビー小体型認知症の人は薬に非常に敏感になるため、一般的な投薬をすると、過剰に抑制作用が効いて寝たきりになったり、興奮しすぎて暴力的になったり、あるいは体調を崩したりする例が見られます。レビー小体型認知症では、幻視がなくなるなどの効果が確認されていますので、状態に応じて薬のさじ加減ができる医師に処方してもらいましょう。

アリセプトは2011年に特許が切れたため、「ドネペジル」という一般名でジェネリック医薬品が登場しました。レビー小体型認知症についても2019年より一部のジェネリック医薬品が保険適用になっています。

❷レミニール（一般名：ガランタミン）

レミニールは、アリセプトと同じ「コリンエステラーゼ阻害薬」ですが、ニコチン性アセチルコリン受容体の働きを高める作用もあるのが特徴です。レミニールは薬の血中濃度が半分に低下する半減期が短いため、朝と夜、1日に2回服用します。錠剤と口腔内崩壊錠には4mg、8mg、12mgが、内用液には1ml、2ml、3mlがあります。1日の投与量は最少で8mg、最大で24mgです。軽度から中等度までに適用されます。怒りやすい、興奮しやすいなどの陽性症状のある人に投与すると穏やかになる効果が期待されています。

❸イクセロンパッチ、リバスタッチパッチ（一般名：リバスチグミン）

イクセロンパッチとリバスタッチパッチは、製剤名の異なる、まったく同じ薬剤です。これらも「コリンエステラーゼ阻害薬」です。アリセプトとレミニールがアセチルコリンエステラーゼだけに作用するのに対して、こちらはブチルコリンエステラーゼにも阻害作用があります。

小さな丸い貼り薬で、皮膚から薬剤が吸収されます。薬剤成分が4.5mg、9mg、13.5mg、18mgとあり、徐々に増やしていきます。軽度

から中等度が適用範囲です。嚥下障害で薬を飲み込むのがむずかしい人に向いており、家族が貼ってあげられるというメリットがあります。毎日、古いパッチをはがして新しいパッチに貼り替えます。皮膚がかぶれやすい人は、貼る位置をずらしたり、保湿剤やステロイド軟膏を塗ってから貼るなどの工夫が必要ですので、医師に相談しましょう。

主な副作用はアリセプトと同様に消化器症状です。副作用が出たときは、パッチをはがして軽減させます。なお、はがすのがもったいないと次々に貼って過剰投与になった人がいました。貼り薬であっても、必ず医師の指示に従って使用してください。

❹メマリー（一般名：メマンチン）

メマリーは、上記3つとは作用機序（薬が人体に対して働くメカニズム）が異なる「NMDA受容体拮抗薬」です。

アルツハイマー型認知症では、脳の神経細胞の間で神経伝達物質のグルタミン酸の濃度が持続的に上昇し、グルタミン酸の受け皿であるNMDA受容体が過度に活性化していることがわかっています。高濃度のグルタミン酸によって脳神経に過剰な興奮が生じると、カルシウムイオンが大量に流入して情報伝達が混乱し、神経細胞がダメージを受けます。メマリーは、NMDA受容体に結合してグルタミン酸の過度の活性化を抑え、過剰なカルシウムイオンの流入を防ぐことで神経細胞を保護します。

1日1回5mgから開始して、1週間に5mgずつ増量していき、20mgが維持量になります。中等度から高度の認知症に適用されます。主な副作用は、眠気やふらつき（めまい感）です。腎臓で代謝される薬剤なので、腎臓に障害のある人は副作用が出やすく、処方量にも制限があるので医師に相談しましょう。コリンエステラーゼ阻害薬同士を併用することはできませんが、メマリーは作用機序が異なるため、認知症症状に応じてコリンエステラーゼ阻害薬と一緒に服用で

きます。メマリーは興奮性伝達物質を抑える効果があることから、BPSDのあるアルツハイマー型認知症の人によく使われています。

◆行動・心理症状（BPSD）に対する薬物療法

　BPSDは、だれにでも見られるわけではなく、環境や人間関係、本人の心理状態が変われば、改善する可能性があると考えられています。ただし、脳障害によって起こる症状であり、介護対応だけでは限界がありますので、薬物による治療も試みられます。

❶抑肝散（漢方薬）

　夜泣きやぐずりなど子どもの「疳の虫」に効果があり、子どもと母親が一緒に飲む「子母同服」でさらに効果が高まるといわれる漢方薬です。7種の生薬の抽出物で、神経症、不眠症、小児夜泣き、小児疳症の治療薬として厚生労働省より認可されています。

　認知症の人が服用すると、イライラや怒りなどの神経の興奮状態を鎮めて、穏やかな心理状態に戻す効果が期待されます。寝つきが悪い、あるいは中途覚醒が多い不眠症に処方されることもあります。副作用は比較的少ないといわれ、成人では1日7.5gを2〜3回に分けて、食前もしくは食間に、水またはぬるま湯で飲みます。エキス顆粒やエキス錠が市販されています。漢方薬は飲みにくい、という人にはココアや麦芽飲料に混ぜると飲みやすくなります。高齢者は生理機能が低下しているため、減量が必要になることもあるので医師に相談しましょう。

　このほかにも「釣藤散」「抑肝散加陳皮半夏」「黄連解毒湯」「当帰芍薬散」「八味地黄丸」などの漢方薬の効果が認められています。

❷向精神薬

　向精神薬（人間の精神に作用する薬物の総称）には、鎮静薬、睡眠薬、抗精神病薬、抗うつ薬、気分安定薬などがあります。抗認知症薬が出る前は、認知症の薬といえば、BPSDを抑える向精神薬しかありませんでした。現在は、BPSDの症状を一時的に抑える目的で処方さ

れています。

　認知症では抗精神病薬の副作用がより強く表われることがわかってきたため、医師は可能な限り少量から始めて、副作用に注意しながら増量します。最近は非定型抗精神病薬（従来の抗精神病薬は抗ドーパミン作用だけが突出して副作用が強かったため、ドーパミン以外のいくつかの神経伝達物質に選択的に働いて効果の幅を広げ、副作用を軽減した新規の抗精神病薬）がよく使われますが、認知症には保険適用外です。

◆入院治療

　BPSDが強く出たときや、薬をまったく拒否して外来治療がむずかしいときには、入院治療が必要になることがあります。認知症でも急性期治療のために入院するケースがあることを知っておきましょう。病院では、脱水症や低栄養など基本的な治療とともに、症状に合わせて抗認知症薬を選択し、場合によっては抗精神病薬や漢方薬も用いて効果を確認し、副作用をチェックします。合併症の治療も行ないます。

　入院には、医師や看護師の目が届くなかで薬の量が微調整でき治療効果を上げられること、BPSDの介護で疲弊した家族が本人と離れることで心身を休められるというメリットがあります。いざというときに入院治療をしてもらえる病院とつながりを持っておくと安心です。また、退院後も服薬指導を受けられる体制があれば、自宅や施設でも抗精神病薬の服用が可能になります。

◆服薬介助

　認知症になると、記憶力と判断力が低下するため、医師の指示どおりに薬を飲むことが困難になってきます。その状態に応じた対応策を家族は考えていきましょう。

❶薬の保管場所がわからない

　お薬カレンダーやお薬ボックスを活用します。1週間分の薬を28個

（朝、昼、夕、寝る前×1週間）のポケットやボックスに入れて壁に貼ったり、テーブルや棚の上におく方法です。100円ショップでも販売していますが、一包化してもらった薬をカレンダーに貼ってもよいでしょう。家族や介護する人も服薬の状況が一目でわかります。

❷包装シートから薬を取り出せない

家族が薬を一つずつシートから取り出して、1回分をまとめておきます。複数の薬を飲んでいる場合は、薬剤師に包装シートから取り出した錠剤やカプセルを「朝食後」「夕食後」など服用1回分ずつパックしてもらう（一包化）こともできます。一包化は有料サービスですが、認知症で飲み忘れや飲み間違いが多いなどの条件を満たせば、健康保険が適用されるので、医師に相談してください。

❸飲んだことを忘れてまた飲んでしまう

上記❶と❷を活用し、家族が見守ります。ホームヘルパーや訪問看護師にも服薬の見守りサービスを依頼します。施設等では、食事と一緒に薬を本人に渡しています。

8．薬以外の治療

◆生活療法

認知症の根治薬物療法は確立していませんので、認知症の治療としては、薬以外の治療に期待が集まります。医師や介護にかかわる専門家が認知症の人の暮らし方について助言することや、入所施設やデイサービス、デイケアで行なう認知症リハビリテーションも薬以外の治療です。それぞれの療法のエッセンスを家庭生活に取り入れて、バラエティに富んだ認知症介護ができるようになると、仕事との両立にも張り合いが生まれます。

家族は、認知症の人に「やらせなければ」とやっきになるのではなく、「してみませんか」と気楽に促したり、「一緒にしましょう」と誘うことで、より効果が表われます。

❶食事療法

食べ物に含まれる成分のなかには、認知症予防や症状を改善する効果があるといわれるものがあります。アルツハイマー型認知症に関しては、野菜や果物に含まれるビタミンE、フラボノイド、βカロチン、葉酸などの抗酸化物、赤ワインや緑茶、大豆、カレー粉に多いポリフェノール、魚や海藻に含まれる不飽和脂肪酸などが、よく知られています。サプリメントを飲む場合は、服用している薬との相性や摂りすぎによる肝臓障害に注意します。ただし、この食品、このサプリメントで認知症が治ったというエビデンスはありませんので、いろいろな食品をバランスよく、おいしく食べることが何よりも効果的です。

また、認知症になると、水を飲むのを忘れてしまい、脱水になりやすくなります。脱水状態は命にかかわり、認知症の症状を急激に悪化させます。食事やお茶の時間に十分な水分を摂ると便通がよくなり気持ちが安定するだけでなく、積極的に水分摂取を心掛けたところ、認知症の症状が改善した例もあります。

なお、脳血管性認知症では、塩分を控えて血圧を上昇させないようにします。前頭側頭型認知症の場合は、異常に甘いものが欲しくなる人が多いので、糖質の摂り過ぎによる糖尿病や脂質異常症に注意が必要です。

❷運動療法

人間は、身体の一つひとつの細胞に新鮮な血液が供給され、老廃物が運び出されることで、健康を保っています。脳内に異常なタンパク質が溜まることで発症する認知症が多いことから、脳内の血流をよくすれば認知症予防や進行防止になるのではないかという仮説が立てら

れ、全国でさまざまな取り組みが行なわれました。その結果、①30分のウォーキングを週3日以上すること、②普通歩き3分と早歩き2分を繰り返す「インターバル速歩」、③頭を使いながら有酸素運動をする「デュアルタスク」の効果が高いことがわかりました。特に③が注目されていて、「しりとりをしながら歩く」「100から7を順に引きながら踏み台昇降をする」「野菜や動物の名前をあげながら椅子に座って足踏みをする」などが実践されています。一人で行なうよりも、みなで一緒にすれば、さらに効果が上がります。

水泳や水中ウォーキング、ストレッチ、マシンを使った筋肉トレーニング、ラジオ体操やヨガなど、身体を動かすことも治療になります。

◆認知症リハビリテーション

❶回想法

1960年代にアメリカの精神科医ロバート・バトラー氏が提唱した心理療法です。昔使っていた日用品、過去の写真や映像、懐かしい食べ物などを実際に見たり触れたりして、思い出を語り合うもので、古い記憶が呼び覚まされることで脳細胞が活性化し、感情が豊かに動くことが期待されています。当時のことを楽しそうに話す人もいれば、つらそうに話す人もいますが、会話中は現在抱えている問題から離れることができるので、介護者との関係修復にも役立ちます。聞き手は、回想を通して、その人となりを知り、人生について教えてもらう気持ちで聞きましょう。認知症の人は脳が疲れやすいので、無理強いはせず、気持ちよく終われるように心掛けます。

❷音楽療法

音楽を聴いたり歌ったりすることで、心身がリラックスして不安やストレスが軽減し、気持ちが安定します。懐かしい歌は、❶の回想法の効果もあります。表情が乏しく元気がなかった人が歌を口ずさむうちに姿勢がよくなり笑顔が出た、昔覚えた歌詞がスラスラ出てきて記

憶障害が改善した、ほとんど言葉を発しなかった女性が「青い山脈を歌いたい」とリクエストした、部屋に閉じこもっていた人が歌を通じて交流できるようになったなど、効果が高い療法です。

これまでは童謡や歌謡曲が多く選ばれてきましたが、これからの高齢者は好む音楽も多岐にわたることから、フォークソング、ポップス、ロックなど、親が好きな音楽を取り入れてもらえるように、事前に情報提供をしておくことをお勧めします。

❸絵画療法

絵を描くことで、認知症の人が心身のバランスを整える療法です。塗り絵やちぎり絵も含まれます。認知症になって初めて絵を描く楽しさに目覚めたという人もいて、次々にすばらしい作品を仕上げています。言葉では表わせない思いを絵で表現する、絵を描くことに集中することで不安やストレスから解放される、作品を仕上げた達成感を得られる、人から褒められる喜びを味わえるなどの効果があります。

筆者は、グループホームでリンゴの絵を描く体験をしたことがあります。本物のリンゴを目で見るだけでなく、重さや手触りを確かめ、匂いを嗅ぎ、十分にリンゴに向き合ってから、描き始めます。いつもなら輪郭を描いてから内側に色を塗るのですが、このときは、輪郭を描いてはいけないという指示がありましたので戸惑いました。食べても大丈夫というクレパスで何度も何度も色を塗り重ねるうちに、リンゴになっていきます。みなが描き終えた絵を壁に貼って、にぎやかに感想を言い合います。グループホームの壁には、鯵の絵も貼ってありました。泳いでいるような鯵、皿の上のおいしそうな鯵など、描いた人の感性に驚きました。上手、下手で評価するものではなく、生きた証として愛おしい作品になっています。

❹園芸療法

植物を育てる体験を通して、生命力を感じ取り、花や実を待つワク

ワク感や咲いたときの喜び、実を収穫する達成感が得られます。園芸は四季の移ろいを実感でき、自然に触れることで認知症の人の気持ちが癒やされます。太陽光を浴びて、土を掘り、種をまき、苗に水をやる。これら屋外での畑仕事はよい運動にもなり、食欲が増して快眠につながります。

　デイサービスの畑で自分が育てたキュウリがおいしいと笑顔で話してくれた人は、普段は家から一歩も出ないそうですが、スクスク育つキュウリは自分の子どものようで、喜びや張り合いを感じていたのでしょう。他の利用者ともキュウリの話で盛り上がっていました。

　自宅のベランダのプランターでトマトを栽培したり、室内でサボテンを育てたりするだけでも、認知症の人の暮らしがいきいきします。介護者にとっても意義のある療法で、「育てた花が介護のつらさを忘れさせてくれた」「介護には未来が見えなかったが、日に日に大きくなる野菜に希望が見えた」「花が咲いたね、実がなったねと親と共通の話題ができた」などの効果が寄せられています。

❺作業療法

　認知症になると、できなくなったことばかりが注目されたり、まだできることまで周りの人から取り上げられたりで、本人は自信を失いがちです。作業療法は、リハビリテーションと感じないようにお膳立てをしたうえで日常作業をしてもらうもので、縫い物、編み物、調理、大工仕事など認知症の人が得意だったこと、いつもしていたことを聞いて、昔の腕前を発揮できるように、また安心して取り組んでもらえるようにします。

　作業が簡単すぎると馬鹿にされているように感じてやる気が起きません。むずかしすぎるとできないことを悲観して尻込みをしてしまいます。そこで、いま、どのくらいのことなら挑戦できるかを介護者が探りながら、作業をお願いしましょう。縫い物が得意だった母親に、

子ども（母親にとっては孫）が学校に持っていく雑巾を縫ってもらったところ、最後の玉止めがしていなかったのでほどけてしまい、それをとがめられた母親は二度と針を持たなくなったそうです。母親は、玉止めをし忘れたのか、玉止めの方法がわからなかったのか、いずれにしても、簡単なことができなくなった自分に失望し、娘に指摘されたことでひどくプライドが傷つけられたのでしょう。この場合、針仕事をしてもらうことが目的ですので、運針を楽しんでもらい、玉止めは家族がフォローするなど、作業の成果よりも、作業を通じて本人に自信を取り戻してもらうことが大切です。

❻**動物介在療法（アニマルセラピー）**

動物との触れ合いを通じて、認知症の人が癒やされ、心身の安定をはかる療法です。ドッグセラピーを取り入れている介護施設では、認知症の人が、専門家のもとで訓練されたセラピー犬と遊んだり抱っこしたりして、犬との触れ合いを楽しんでいます。表情のなかった人が犬を見て笑顔になったり、ぎこちなかった手が犬をなでるときはスムーズに動くようになった、介護施設で飼っている犬や猫の世話をしてもらうと、役割を自覚してうつ状態が改善されたり、犬を散歩させるために足腰のリハビリに精を出すようになる、などの効果があります。

家で飼っていた犬や猫と一緒に入所できる施設も出てきました。動物が好きな人にとっては大変効果的な療法です。

❼**現実見当識訓練（リアリティ・オリエンテーション）**

認知症の症状に見当識障害があります。認知症の進行にともない、時間、場所、人の順で認識できなくなっていきます。それを少しでも遅らせ改善をはかるための訓練が、現実見当識訓練です。

方法はいろいろありますが、まずは会話のなかに、「今」の状況を認識できるような言葉を入れたり、身の回りのしつらえで「今」を感

じ取ってもらえるようにします。たとえば施設の職員が、「おはようございます。きょうは3月21日、春分の日ですね」と話しかけてから、カーテンを開けます。「朝からよく晴れていますよ。春になったので暖かくなりましたね」と、日時や天気、季節を自然な形で伝えます。また、日めくりカレンダーや時計、季節の花、年中行事にちなむインテリアグッズなどを身の回りにおき、日時や季節を実感してもらうと、見当識障害の不安や混乱が収まることが期待できます。

　きょうの予定や、きょうの献立をボードに書いて掲示すると、「きょうは何をしたらいいか」「きょうは何を食べるのか」がわかって安心します。これらは、家庭生活にも取り入れられます。

　また、デイケアやデイサービスでは、認知症の人が少人数のグループになり、スタッフが進行役になって基本的情報（各人の名前、場所、時間、日にち、人物像など）を伝えてから、会話をする方法もあります。その際、進行役は、「この人はだれですか」「ここはどこですか」「きょうは何日ですか」などの試すような質問はせず、言葉や物で情報を伝えてから、自由に話してもらうことが大切です。

❽ユマニチュード

　ユマニチュードは「人間らしさ」を意味するフランス語で、40年前にフランスで生まれた認知症ケアの技法です。

　時間に追われる介護の現場では、「認知症の人の様子は見ているが、目を見つめてはいない」「これはダメ、こうしなさいという声かけはしても、話をしようとしたり、穏やかに話しかけたりしていない」「介助で腕や身体をつかむことはあっても、優しく触れてはいない」「時間がかかるし危険だからと、寝かせきりにしたり車椅子に頼ったりして、立たせることもない」などのケアが行なわれがちです。ユマニチュードは、①見つめること、②話しかけること、③触れること、④立つこと（本人が自分で立てるように支援）の4つを柱に

したケアを実践し、「あなたのことを大切に思っていますよ」というメッセージを伝えることで、認知症の人の能力を維持したり改善することをめざしています。

　筆者は、この技法を取り入れた病院の映像を見たことがあります。ベッドに拘束されて、怖い顔でいきり立っていた認知症の人に、看護師が20センチくらいの距離に顔を近づけて目を見つめ、優しく話しかけてから、背中をそっとさすります。ゆったりした時間が流れ、「あなたのことを大切に思っていますよ」というメッセージを受け取った認知症の人は、穏やかな顔になり、看護師と言葉を交わし、ベッドから下りて自分の足で歩き始めました。

　赤ちゃんや恋人には自然にしていることを、認知症ケアとして構築したもので、人との絆を結ぶための基本がここにあります。介護の負担が大きくて悩んでいたり、認知症の人とどう接したらいいかわからないなら、ユマニチュードを学ぶことをお勧めします。

❾脳トレーニング

　クロスワードパズル、ナンバープレース（数独）、百マス計算、計算ドリル、漢字ドリルなど、紙に書き込むものもあれば、パソコンやタブレットでできるものもあります。書店には、認知機能低下予防を謳った商品がたくさん販売されていますので、家でも手軽にできるリハビリです。専用の脳トレマシーンを備える施設もあります。

　脳トレは、本人が楽しんで挑戦すると、効果が表われます。百マス計算をしたら子どもより早くできたと驚かれたり、孫と「さんずい」のつく漢字を書く競争をしてすごいと褒められたりしたら、認知症の人の脳細胞は活性化することでしょう。

　反対に、周りの人に強制されて嫌々やらされるとかえってストレスになります。「点数が低い」「また間違えた」と評価されたら、さらに自信をなくして落ち込み、家族関係まで悪くしてしまうでしょう。本

人がやってみようと思えるような誘いかけをすること、無理強いは、よかれと思ってもしないことが大切です。

❿将棋、囲碁、麻雀、カルタ、百人一首

昔から好きだったこと、得意だったことは、認知症になっても実力を発揮します。筆者がグループホームで認知症の人たちと百人一首をしたとき、みなさんの札をとるスピードに圧倒されていたら、「あなた、若いんだからしっかりしなさいよ」と言われてしまいました。これらは人と一緒に楽しむものなので、コミュニケーション能力を回復するのにも役立ちます。親が喜ぶことを一緒にしたり、デイケアやデイサービス先で取り入れてもらえるように要望しましょう。

⓫その他

バリデーション（アイコンタクト、相手の言葉の反復、共感、タッチングなどを通じて認知症の人の言動の奥にある感情に寄り添い、コミュニケーションをはかる）、光療法（高照度の光を朝方に2時間、それを数週間にわたって照射して生体リズムを整える）、タクティールケア（手を使って10〜20分間、相手の背中や手足を柔らかく包み込むように触れることで、不安や興奮や痛みを緩和する）などがあります。

2　介護をプロジェクトにする

　介護は突然やってくるといわれます。数年前から認知症ではないかと疑っていたとしても、認知症介護は診断されたときから始まります。ここでは、どのように仕事と介護を両立させたらいいかについて、基本的な考え方や方法を紹介します。

1．介護で仕事を辞めてはいけない

　「親が認知症だった。さぁどうしよう」という事態に直面したときに大切なのは、「仕事は続ける」と決意することです。「辞める」という選択肢がなければ、あとは、どのように両立するか、その方法の問題です。辞めたほうがいいか、と悩んでいると、言霊の効力なのか「辞める」方向に物事が進んでしまいます。
　ここでは、介護離職のデメリットを知って、「仕事を続ける理由」を自分のなかで明らかにしておきましょう。

◆介護離職のデメリット
　❶経済的不安が増す
　「勤めていた頃は、母が好きな高級アイスクリームをよく買ってきた。いまは100円のアイスさえ、もったいない気がしてたまにしか買えない」と話してくれた人がいます。
　認知症介護にはお金がかかります。仕事を辞めて給与所得がなくなると、親の年金と貯蓄を取り崩す暮らしになりますので、「自分で介

護すればタダだから介護サービスは使わないでおこう」「お金がかかるから施設は諦めよう」と介護を一人で抱え込んでしまいがちです。

中途退職は退職金や年金額にも影響して生涯所得が減少し、自分の老後も心配になるなど、経済的な不安が強いストレスとなります。

❷自分のキャリアやライフプランが見通せない

認知症は徐々に進行するため、介護期間は長くなります。もし介護離職をしてしまったら、いつキャリアを再開できるかわかりません。介護が終わったら再就職しようと思っても、自分の年齢や世の中の状況で、それが叶うか見通しが立ちません。

介護離職は、配偶者や子どもの人生、何よりも一度しかない自分の人生を大きく変えてしまいます。

❸閉塞感、孤立感で心身の負担が大きい

介護離職をした当初は、認知症の親と穏やかな日々を過ごせると思っていたとしても、現実はどうでしょうか。「会社に勤めていたときは、いつも時間に追われていたが精神的には楽だった。仕事で介護ストレスを発散できたのだと思う」と、介護に専念してからのほうが心身ともにきついという話を聞きます。

ほかにも、「認知症の母のために仕事を辞めたのに、なんでお前が家にいるの。会社に行きなさい、と言われる」「一生懸命やっているのに父から怒鳴られる」と、親に認めてもらえず、成果を得られない徒労感も感じます。「会社の同僚には会いたくない」「友人とは話が合わなくなった」と社会から取り残された閉塞感も強いようです。

認知症介護を家族だけの密室状態で行なっていたら、お互いに息が詰まってしまいます。このような精神状態が続いたら、介護うつや高齢者虐待につながりかねません。

◆介護を頑張りすぎない

認知症の人は、その初期には、「私にはまだできることがある。一

人でやりたいことがある」ので、介護されるだけの人生をよしとしないでしょう。認知症になっても親は親であり続けたいのに、「子どもは命令と指図ばかり」と、立場の逆転は受け入れがたいようです。

　一方、介護者は認知症介護が思いどおりにいかず、それがたび重なると、病気だとわかっていても許せなくなってきます。いつしか、親のせいで自分の人生が犠牲になったと思うようになるかもしれません。親は敏感にそういう気持ちを見抜いています。そんな、うつうつとしている子どもを見るのは、親として忍びないでしょう。介護に疲れて文句ばかり言う子どもとの暮らしが、どうしようもなく悲しく不安だという声も聞かれます。

　とかく、介護離職をした子どもは、親のためにと頑張りすぎてしまう傾向がありますが、介護する子どもが幸せでなければ、介護を受ける親も幸せにはなれません。

2．認知症介護を5W2Hでイメージする

　今日、ほとんどの人が、なんらかの形で親の介護にかかわる可能性があり、親の介護はライフイベント（人生での出来事）の一つということができます。認知症の親を介護することになったら、自分のライフコース（個人が一生のなかでたどる道筋）はどうなるだろうと不安を感じる人も多いのではないでしょうか。しかし、親が認知症になったからといって、自分のライフコースを大きく変更しなければならないと思い込むのは早計です。まずは、できるだけいまの生活を変えずに親の介護を組み込む方法はないかを考えてみましょう。

　筆者のこれまでの経験から、認知症介護を、恩返しや親孝行と情緒的にとらえずに、プロジェクトとして取り組むことをお勧めします。

職場で培った仕事のノウハウは親の介護にも応用できます。介護プロジェクトを進めるうえで大切なのは、まず最初にケアチームが集まり、目的や進め方、役割分担を話し合うことです。

以下では、認知症介護をプロジェクトにする方法を５Ｗ２Ｈで紹介します。

◆だれが（Who）

親の介護にかかわってくれそうな人を思い浮かべてみましょう。

- 認知症の本人、配偶者、子ども、子どもの配偶者、孫…自助
- 親の兄弟姉妹、いとこ、甥、姪、友人、親しい知人…互助
- 医療や介護の専門家、ボランティア、民生委員、警察、自治会…共助、公助

など、たくさんの人がケアチームのメンバーとして考えられます。

ここで、自助に認知症の本人が入っているのは、本人ができることは本人にしてもらうことが何より大事だからです。それが一番のリハビリになり、認知症の進行を緩やかにします。

ケアチームは、本人が自分でできることと、手助けが必要になったことを本人に確かめながら、必要な手助けをします。配偶者がいる場合は、配偶者による老々介護を推奨します。子どもはそれを応援する立場であると自覚して、老々介護を支える側に回りましょう。老々介護で生活力をつけた親は、配偶者を亡くしたあとの一人暮らしが可能になります。

親の自立がむずかしくなったら、子どもとその配偶者の出番です。昨今は、実子による介護が増えてきました。孫ならではの役割もあります。子どもの意見は聞かなくても孫に言われるとすんなり受け入れることもあります。孫に人生訓を話すのを楽しみにする人も多く、世代をまたいだ介護はいいものです。

また、一人っ子であれば、介護のプロたちとケアチームを組んで、

自分の好きなように介護できます。口だけ出してお金も手も出さない身内がいるよりも、トラブルが少なくストレスも溜まらないことでしょう。逆に、認知症介護に理解がない身内、協力しない親族に悩んでいる人には、新たなケアチームを結成するときがきたと伝えたいものです。

遠距離介護では、互助があるかないかで介護体制が大きく変わります。一人暮らしや老々介護の親を親戚や友人、近所の人などたくさんの目で見守ってもらうと安心です。

共助、公助については、早いうちから介護の専門家にケアチームに入ってもらうと心強いものです。家族にはできないことを介護のプロや地域の人たちにお願いすることは、本人が社会的な存在であることの証になります。

◆どこで（Where）

認知症介護は、一般的には自宅での在宅介護からスタートします。子どもと同居している場合はもちろんのこと、一人暮らしでも自宅での介護を希望する人が多数を占めます。自分の家だと勝手がわかっているので、認知症になってもしばらくは、なんとかなるという面があります。

在宅介護を始めるにあたっては、認知症でも暮らせるかの視点で住まいを見渡し、危険な箇所は改修や買い替えを手配します。調理器具や家電製品、お風呂やトイレは、最新式のものよりも、以前から使っていたもののほうが認知症の人には操作しやすいので、理解度に応じて選択します。何より火事が心配なので、火を使わない暮らしへの変更は必須です。IH調理器や安全装置つきのガスコンロに替えることをお勧めしますが、認知症の人が一人でIH調理器を使いこなすのはむずかしいようです。

このようにして、ある程度の期間は介護サービスを駆使して自宅で

暮らせたとしても、いずれ在宅介護が困難になるときがきます。そのときは、高齢者向け住宅に移って在宅介護を継続するか、施設に入所してもらいます。主な介護者が仕事と介護を両立させていて、他に同居家族がいない場合は、施設を選択するケースが多いのが現状です。施設では、食事、トイレ、入浴などの基本的な介助をプロにしてもらえることに加え、緊急時に対応してもらえる安心感があります。

　施設を選択するにあたっては、その立地場所が大きなポイントとなります。自分の家と兄弟姉妹の家のどちらかに近いところや、環境を変えたくないので郷里の施設にするなど、理由はさまざまです。「仕事帰りに寄れるので便利。家にいたときよりも親の顔を見ている気がする」「施設が近いと頻繁に面会に行かなければというプレッシャーがかかる。遠ければ、行けるときに行けばいいと思えるから気が楽だ」など、それぞれの事情に合った場所を選びます。「施設に入れてよかった」と思えるところにしたいものです。

　いずれは入りたいであろう施設を、本人の判断能力があるうちに家族と一緒に探しておくことができれば理想的ですが、実際には認知症の本人が自己選択するケースはまれで、ほとんどの人が家族に勧められ仕方なく（嫌々）入所しているそうです。施設入所後に、施設のスタッフや入所者に慣れて、ここが自分の居場所であると落ち着いてくれることを願いましょう。

　近年は、サービス付き高齢者向け住宅に入居して、外部事業者の介護ヘルパーや看護師から介護を受ける認知症の人も増えています。

◆いつ（When）

　認知症が軽度で、自分で身の回りのことができ、ほかの人とコミュニケーションがとれるうちに、介護サービスとつながることをお勧めします。認知症の人の１日の過ごし方、１週間のスケジュール表をつくり、一人ではできないことを、だれが支援するかのケアプランを立

てます。仕事と両立できる時間配分も考えます。

　また介護休業は3回まで分割して取得できますので、「介護開始時に介護体制を整える」「在宅介護がむずかしくなり施設を探す」「看取り」など、時期をあらかじめ想定しておいてもよいでしょう。

　どのタイミングで在宅介護から施設入所等に切り替えるかについては、認知症の場合、①早いうちにグループホームかサービス付き高齢者向け住宅、あるいは有料老人ホームに入る、②こういう状態になったら（排泄の失敗が増えたら、自分で食べられなくなったら、家族のことがわからなくなったら、など）介護保険施設か有料老人ホームに入る、③ぎりぎりまで自宅で過ごし、最終的に病院に入る、というケースが想定できます。家族間で意見が異なるなら、医師やケアマネジャーに専門的な見地から施設入所の時期について助言してもらうと、家族は納得しやすくなります。

　仕事と両立させている人に施設入所を決めた時期を聞いたことがあります。「仕事を辞めることしか考えられなくなったから」「このままでは自分が病気になってしまうと、怖くなったから」など、心身ともに追い詰められてからの決断のように感じました。それでは、施設を選んで見学をする時間がなく、どこでもいいから入ってもらうということになりかねません。親が最期まで過ごすところですので、ゆとりがあるうちに探しておきましょう。

　認知症の親を介護するにあたっては、いけないとわかっているのに認知症の親を怒鳴ってしまった、手が出てしまったと悩む人は少なくありません。「親に死んでほしいと思いたくなかったので、施設入所を早めに決めた」という声も真実だと思います。これまで楽しめたことが楽しくない、仕事に意欲がわかない、ずっと気分が落ち込んでいる、眠れないし食欲もない、などは心身のSOSですので、早めにケアチームに相談して次のステップを考えてください。

◆**何を（What）**

　認知症の介護で求められるのは、認知症のことを正しく知り、自分のなかの誤解や偏見を解いて、親と真摯に向き合うことです。あわせて、ケアマネジャーなどの専門家と相談しながら適切な介護サービスを利用できるように動くことです。

　介護スタート時には、介護保険の申請、訪問調査への立ち会い、ケアマネジャーとケアプランの話し合い、サービス担当者会議への出席などに加え、本人の現状を自分で確認したり他の人から聞いたりしてケアプランの見直しを提案するなど、要所要所でかかわる必要がありますが、あとはケアチームと電話やメールで連絡を取り合う遠隔介護が可能になります。

　サービス事業者との契約に際しては、認知症で判断能力が衰えている親に代わって、消費者の目線で内容や費用を確認しましょう。また、認知症の介護では、有効な情報を知っているか否かで質の高い介護サービスを受けられるかが決まるといっても過言ではありません。ケアチームのみなが認知症に関する最新情報にアンテナを張り、親の介護に活かすことができれば、介護プロジェクトは成功します。自治体が発行する高齢者のしおりや介護保険のガイドブックを地域包括支援センターで入手して、隈なく読んで利用できるものは大いに利用しましょう。会社が有するネットワークや職場の経験者からの情報も、具体的で役に立つはずです。

◆**なぜ（Why）**

　子どもは親の介護にどうかかわっているのでしょうか。①介護したいから、する、②介護したいけれど、できない、③介護したくないけれど、しなければならない、④介護したくないから、しない、の４つのパターンに分かれます。そして、仕事をしていると②と③の悩みを抱えがちです。

親が認知症であることを知ったとき、子どもは必然的に介護と向き合います。それは親子だからです。筆者はときどき、「大嫌いな親をなぜ私が介護しなければならないのですか」と聞かれます。「大変ですね」と思いを受けとめるとともに、親子の密室的な介護から少し視野を広げてみることを提案することがあります。親の介護を、個々の家族の問題と考えずに、上の世代を下の世代が支える世代交代の儀式ととらえてみるのです。自分を生み育ててくれた世代が年老いたので、今度は自分たちの世代が社会的資源を活用しながら支えるのです。これを介護の社会化と呼ぶこともできます。

　プロジェクトと割り切っても介護がつらいときは、介護のプロにお願いします。家族に嫌々介護されるよりも、認知症のいまの姿を受け入れてくれる第三者に看てもらうほうがよい場合もあるからです。

◆どのように（How）

　認知症の進行に合わせて次々にハードルが現われます。それをどう乗り越えるかの知恵を身につけていると、親も安心です。認知症介護の先輩や専門家が成功した方法を試してみることをお勧めします。

　「このようなときは、こうするといい」というヒントやコツを知ると、認知症の親の気持ちに寄り添いやすくなります。認知症をテーマにしたテレビ番組や映画、介護体験記などの出版物から多くの事例を知ることで親を客観視できるようになります。「これは使える、これはダメだ」と評論家になって自分の親に合った方法を見つけましょう。認知症の人のための見守りカメラや会話ができるロボットなど、便利な機器の利用も検討しましょう。

　介護の悲劇は、認知症の親の介護は自分でなければできないと抱え込んでしまったときに起きています。「職場では隠れ介護者、家ではたった一人で介護」では、だれでも行き詰まってしまいます。「親子の縦の関係だけよりも、いろいろな視線で見守ったほうが、介護され

る本人のよさが出る」ともいわれています。親がホッとできる居場所を見つけて、そこに任せてみるのも一つの方法です。デイサービスはもちろんですが、地域には認知症カフェや高齢者の集いの場が増えていますので、周囲には助けてくれる人がいると信じて協力を求めましょう。そして、介護している自分をオープンにし、味方になってくれる人を探します。介護者の努力や苦労に周りの人が気づいてくれると、気持ちが楽になります。

　また、働きながら直接的な介護をすべて引き受けるのは無理だと割り切ります。認知症の介護では、家族ゆえの大変さがあります。自分の守備範囲を超えていることは、医師や看護師、ケアマネジャー、介護のプロにお願いします。介護者に必要なのは、人に相談する力と、人に頼む力です。この力が大切なことは、職場においてと同じです。

　施設に入ってからも介護は続きます。子どもであることは、子どもにしかできません。親と一緒に過ごした年月を知っているのも子どもだけです。子どもとして精神的な支えになりましょう。

◆**いくらで（How Much）**

　介護費用は、「親のお金で賄う」が基本的な考え方です。親の年金や貯蓄からいくら出せるかをまず把握しなければ、介護サービスや施設を選べません。介護はいくらかかるかではなく、「介護にいくらかけられるか」で計画を立てます。

　認知症が軽度なうちに、年金額、資産、銀行口座やカードの暗証番号、加入している保険などについて教えてもらいましょう。ただし認知症では、泥棒に盗られることや、なくすことをおそれて貴重品を隠す（隠した場所は忘れてしまう）人や、全部をバッグに入れて持ち歩く人がいます。このようにお金の管理に不安を感じている親から、お金に関する情報を得るのはむずかしいものです。そのようなときは、「いつ災害に遭うかわからない。そのときに、これまで築いてきた財

産を守りたいから」「詐欺に遭わないようにしたいから」「安全に通帳や印鑑を保管することだけを引き受けるから」と、財産を狙っているのではないことを理解してもらえると、教えてくれるでしょう。

　介護にはどの程度の費用がかかるかについて、生命保険文化センターの調査によると、介護期間5年で介護費用約500万円というデータがあります。在宅介護がむずかしくなって有料老人ホームに入ったり差額ベッド代が必要な病院に入院したりすると、さらに金額がかさみます。親のお金だけで足りない場合は、子どもが負担することが想定されますが、それが可能なのは、仕事と両立しているからです。「最後はお金だ」ではありませんが、介護の選択肢を増やせるように、子どもは自身の収入を確保することが大切です。

　繰り返しになりますが、仕事と介護を両立させるには、認知症の親を一人で介護しようとしないことが大切です。仕事に行っている間は介護できませんし、離れて暮らしていたら常に寄り添って手助けするのは無理です。ぜひ介護サービスを利用しましょう。介護サービスには、公的な介護保険によるものと介護保険外のサービスがありますので、まずは介護保険サービスの基本を押さえましょう。

3．介護保険制度を知る

　日本の65歳以上の過半数は、独り暮らしか夫婦二人暮らしです。子どもと同居している世帯では、子ども夫婦と孫がいる三世代同居よりも、未婚の子どもとの同居のほうが多くなっています。つまり、仕事で忙しい子どもは、親の年齢や性別にかかわらず、介護にかかわれないのが実情です。このような社会情勢になることを見越して、介護を社会全体で担うために介護保険制度が始まりました。

介護保険制度は、40歳から保険料を納める社会保険として、2000年に施行されました。65歳の誕生日の前に被保険者証が届きますが、医療保険と違って、保険証を見せればすぐに介護保険サービスを使えるわけではありません。介護が必要な状態だと認められて初めて利用できるようになります。

　介護保険サービスを利用するにあたっては、65歳以上の人は収入に応じて1割から3割を自己負担します。40歳から64歳の医療保険加入者は、16種類の「特定疾病」に限り1割負担で利用できます。「初老期における認知症」も特定疾病なので、介護保険の対象です。

　特定疾病に指定されているのは、①末期がん、②関節リウマチ、③筋萎縮性側索硬化症（ALS）、④後縦靭帯骨化症、⑤骨折をともなう骨粗しょう症、⑥初老期における認知症、⑦進行性核上性麻痺、大脳皮質基底核変性症およびパーキンソン病、⑧脊髄小脳変性症、⑨脊柱管狭窄症、⑩早老症、⑪多系統萎縮症、⑫糖尿病性神経障害、糖尿病性腎症および糖尿病性網膜症、⑬脳血管疾患、⑭閉塞性動脈硬化症、⑮慢性閉塞性肺疾患、⑯両側の膝関節または股関節に著しい変形をともなう変形性関節症、です。

◆介護保険サービス利用の流れ

❶要介護認定の申請

　社会保険ですので、サービスを利用する前に「申請」が必要です。高齢者の総合相談支援を行なうワンストップ窓口の「地域包括支援センター」に相談しましょう。ここでは申請代行もしてくれます。このセンターは、2006年の介護保険法改正に合わせて、全国に設置されました。地区担当制ですので、親の住所地のセンターを役所に問い合わせるか、ホームページで調べることができます。相談する場合は、電話予約をしてから訪ねましょう。

　要介護認定申請書には、介護保険サービスを使いたい人と申請者の

氏名・住所に加え、「意見書作成医師」の情報を記入するようになっています。意見書作成医師として記された医師には、役所から直接、「主治医意見書」の作成が依頼されますので、申請することを医師に事前に伝えて、本人の家での様子を伝えておくことが必要です。他科の医師に依頼する場合は認知症の受診状況を伝えておきましょう。

　要介護認定申請書は役所のホームページからダウンロードできます。Ａ４判用紙２枚にわたる主治医意見書の書式も厚生労働省がインターネット上で公開しています。

❷訪問調査

　調査員が高齢者の自宅や病院を訪問し、本人と家族から聞き取り調査を行ないます。基本調査は74項目のマークシート形式になっていて、認知機能や、精神・行動障害に関する項目もあります。本人が認知症であることを認めたくないと、調査員の質問に、「はい、できます」「大丈夫です」「そんなことはありません」と答えがちです。それがあまりにも事実と異なる場合は、正確な要介護認定ができません。そこで、訪問調査には、日頃の暮らしぶりを知っている人が同席して補足回答することをお勧めします。ただし、本人の前で答えを否定してよいかどうかには状況判断が必要です。

　たとえば、「しつこく同じ話をするか」という質問に、本人は「いいえ」と答え、家族が「いいえではないでしょう。毎日同じ話を何度もするので困っています」と事実を伝えました。これを他の質問でも繰り返したため、本人が調査員の前で恥をかかされたと怒り出し、「二度と調査は受けない。介護保険なんて使わない」と頑なになってしまった例があります。この場合は、家族が本人の状態や気になることを書いたメモを調査員に渡すか、本人のいないところで調査員と話す時間をとってもらうとよかったのではないでしょうか。調査員は、基本調査につけ加えたいことを「特記事項」に記入するので、家族か

図表 2-1　1ヵ月当たりの要介護度別の区分支給限度額

介護度	基準時間／日	支給限度額／月	サービス
非該当	25分未満		
要支援1	25分以上32分未満	50,030円	介護予防サービス
要支援2	32分以上50分未満	104,730円	
要介護1	32分以上50分未満	166,920円	介護サービス
要介護2	50分以上70分未満	196,160円	
要介護3	70分以上90分未満	269,310円	
要介護4	90分以上110分未満	308,060円	
要介護5	110分以上	360,650円	

らの情報は大変助かるそうです。

　利用できる介護サービスの量や金額は要介護認定で決まるため、訪問調査は大変重要です。会社を休んで同席する価値は十分にあります。訪問調査員には法律で守秘義務が課されていますので、安心して調査を受けましょう。

　❸要介護認定結果の通知

　申請から1ヵ月後に、申請時に提出した被保険者証に認定結果と有効期限が記入されて、自己負担割合証とともに郵送されてきます。要支援・要介護度は、病状の重さではなく、どのくらい介護の手間を必要とするかによって判定されます。段階に応じて、月に保険給付が受けられる支給限度額が決まっています。それを超えた分は自己負担になります。図表2-1は、1ヵ月当たりの要介護度別の区分支給限度額を一覧にしたものです。利用できる金額は目安であり、地域によって加算があります。

　なお、要介護認定の結果に納得できないときは、市区町村の担当窓口で判定理由の説明を受けたり、介護保険審査会に「不服申し立て」をすることができます。

❹ケアマネジャーとの契約とケアプラン案の作成

　要介護認定が下りたら、ケアプランを立ててくれるケアマネジャーを探します。要支援1、2の人のケアマネジャーは地域包括支援センターが担当し、要介護1～5の人の場合は、居宅介護支援事業所のケアマネジャーが担当します。いずれも、地域包括支援センターに相談しましょう。

　なお、要介護1～5の場合は、地域包括支援センターで、ケアマネジャーが所属する居宅介護支援事業所のリストをもらい、そのなかから適当なところに電話をしてケアマネジャーを紹介してもらいます。認知症介護に詳しく、仕事との両立に理解のある人に担当してもらいたいと伝えてください。

　ケアマネジャーとの契約はケアマネジャーの所属する事業所と結びます。ケアマネジャーがケアプランを作成する費用は全額、介護保険から給付されます。ケアマネジャーとは頻繁に連絡を取り合うことになりますので、最初に会ったときに、連絡手段（電話、ファクシミリ、電子メール、手紙など）や電話を受けられる時間帯、自宅への来訪が可能な曜日や時間を伝えましょう。土曜日の日程は働いている家族を優先して決めるケアマネジャーもいます。

　そして、ケアマネジャーとは信頼してかかわるなかで、よい関係を築いていきますが、どうしても相性が悪い場合は、居宅介護支援事業所か地域包括支援センターに相談して、要望に合う人に替えてもらいましょう。交替で気まずさを残さないためには、「お世話になりましたが、○月から○○さんにお願いしたいので、引き継ぎをよろしくお願いします」と明るく事務的に話すとよいでしょう。ケアマネジャーはケアチームの要になる人です。「仕事は辞めないでください。両立できるケアプランを立てましょう」と言ってくれるような人だと心強いです。

ケアプランはケアマネジャーにお任せではなく、介護を受ける人と介護をする人の1日のタイムスケジュールと1週間のスケジュールを書き出し、どのようなサービスを利用したら仕事をしながら介護できるかを一緒に考えて作成してもらいましょう。本人が希望する暮らし方、家族がプロにお願いしたいこと、出勤・帰宅時間、出張、仕事の繁忙期など、家族が介護できない時間帯や介護負担の仕事への影響をケアマネジャーに知ってもらうことで、「わが家のケアプラン案」ができ上がります。

❺サービス担当者会議でケアプラン確定

　ケアマネジャーは、利用者、家族、主治医、サービス事業所の担当者を集めた会議を、利用者の自宅で開きます。この会議で利用者と家族がケアプラン案に同意すると、ケアプランが確定します。

　ケアプランの同意署名は本人に書いてもらいましょう。いつまでも自分の名前と住所を書けるようにしたいからです。どうしても書けなくなったときは、利用者の名前を家族が代筆し、代筆者の名前と続柄を書きます。

　各種サービス事業者との契約もここで行ないます。説明を聞いて疑問点を質問したり、重要事項説明書を読んで費用やキャンセルの要件を確認するのは家族の役割です。認知症介護では、本人に代わって家族に情報提供を求められることが多々ありますので、サービス提供者と顔馴染みになって連絡先を交換しておけば、その後の情報交換がスムーズに運びます。

　サービス担当者会議は、ケアチームが顔を合わせる絶好の機会です。これだけの人が親の介護にかかわってくれるのかとホッとした、認知症の人と家族をさまざまな角度から支援してもらえるので安心したなど、会議に出てよかったという声を聞きます。所要時間は30分程度ですので、仕事を調整してぜひ出席しましょう。事前に希望する日

時をケアマネジャーに伝えて、出席しやすい日に開催してもらうことをお勧めします。

❻**ケアプランに沿ってサービスを利用**

介護保険では、ケアプランどおりにサービスを利用することを原則とします。変更したい場合は、まずはケアマネジャーに相談します。ケアプランは１ヵ月単位で作成されています。サービス利用に慣れるまで時間がかかることもありますが、どうしても合わない場合は、翌月のケアプランに反映してもらえるように、ケアマネジャーにお願いしましょう。

認知症の親がその日の気分でデイサービスを休むかもしれないというケースでは、連絡時間とキャンセル料の関係を確認しておくことが大事です。デイサービスを休むときの扱いは、「サービス利用日の前々日までに連絡すればキャンセル料は無料、前日までなら利用者負担額の50％、当日の連絡では100％の負担を求める」「当日の９時までに連絡すればキャンセル料は無料」「高齢者は朝起きたら体調が悪いことはよくあるのでキャンセル料は一切ない」など、それぞれのデイサービスで独自に決めています。なお、利用者の容態が急変した場合はキャンセル料が不要のところが多いようです。ホームヘルパーを断わる場合についても調べておきましょう。

❼**請求にもとづき利用料を支払う**

介護保険サービスは、使った分だけ料金を支払うサービスと、月々定額制で支払うサービスがあります。要介護度に応じた区分支給限度額内であれば、収入に応じて１〜３割の自己負担分を支払います（40〜64歳の医療保険加入者は一律１割負担）。このほかに、デイサービスの食費やショートステイの食費と居住費などは全額が利用者に請求されます。

現金での支払いや振り込みは認知症の本人にさせるのは不安がとも

ないますので、口座振替にしてもらえないか相談しましょう。小規模の事業者では、口座振替にともなう手数料負担を節約するために採用していないところもあります。その場合は、家族に請求書を郵送してもらい、家族が振り込み手続きをするといいでしょう。

❽ケアマネジャーの定期訪問

ケアマネジャーは、介護保険サービス実施後の評価やケアプランの見直しのために、定期的に利用者宅を訪問します。要介護1〜5は月に1回、要支援1、2は3ヵ月に1回の訪問が義務づけられています。訪問時には家族が同席して、認知症の人の日頃の状態や家族が仕事との両立で困っていることを伝え、ケアプランに反映してもらいます。ケアマネジャーと顔を合わせて話ができる貴重な機会ですので、土曜日や夕方など、仕事を調整しやすい日時に訪問してもらえるようにお願いしてみましょう。どうしても同席がむずかしい場合は、ケアマネジャーに事情を伝えて相談します。

急にケアプランを変えてほしいときは、電話で事情を伝え、サービス事業者と折衝してもらいます。遠距離介護では、ケアマネジャーと電話やメールで緊密に連絡をとることが不可欠です。

❾要介護認定の更新申請

要介護・要支援の度合いは、時間の経過とともに変化します。そのため、有効期間（新規は3〜6ヵ月、更新後は3〜36ヵ月）が設けられていて、介護保険証に明示されています。引き続き介護保険サービスを利用したい場合は、有効期限の60日前から有効期間満了の日までに更新の申請をします。本人や家族からの申請に加えて、ケアマネジャーや施設職員による代行申請も可能です。

❿区分変更申請

認定期間内に介護の状態が変化した場合は、要介護区分の見直しを申請できます。見直しの結果、要介護度が上がれば、区分支給限度額

も上がり、サービスをたくさん使えるようになります。逆に低くなれば、サービスによっては費用が安くなります。

要介護認定の結果に納得できないときに、「不服申し立て」の代わりに利用されることも多いようです。

◆**介護保険サービスの種類**
❶**家にきてもらう**

さまざまな専門職が家にきてサービスを提供してくれるもので、具体的には、次のとおりです。

・ホームヘルパー
・訪問看護師
・理学療法士、作業療法士、言語聴覚士
・医師、歯科医師、薬剤師、管理栄養士
・浴槽を搭載した専用車＋看護師＋介護職員
・介護保険タクシー＋介護の資格を持つ運転手

ホームヘルパーは、高齢者の身体に直接触れるイメージの身体介護（食事、排泄、入浴、体位交換、起床や就寝、移動や移乗、通院、外出などの介助）と家事や暮らしを支援する生活援助（調理、掃除、洗濯、衣類や寝具の整理、生活必需品の買い物、薬の受け取りなど）をしてくれます。介護保険では、本人以外の家族のための家事、犬の散歩、植木の手入れや草取り、大掃除などはヘルパーがしてはいけないことになっていますが、介護保険外サービスとして実費で依頼できることもありますので、ケアマネジャーに相談しましょう。

❷**通う（デイサービス、デイケア）**

認知症の人を玄関先まで迎えにきて、車に乗せて連れて行ってくれます。昼食やおやつを食べ、お風呂に入って、リハビリやレクリエーションをして過ごし、夕方に送り届けてくれるサービスです。認知症対応型デイサービスは、認知症の利用者を対象に専門的なケアを提供

してくれますので、一般のデイサービスでは馴染めなかった人でも安心です。

・デイサービス（医師の常駐していない施設で行なう）
・デイケア（常駐している医師の指示でリハビリを行なう）

❸泊まる（ショートステイ）

ショートステイは、認知症の人を施設に泊まらせてくれるサービスです。家族が介護から離れてリフレッシュするためのレスパイトケアに位置づけられています。冠婚葬祭や旅行などの理由で利用することが多いようですが、隔週の土日、あるいは月に１週間と、定期的に利用している人もいます。ショートステイは30日までは連続利用ができます。ケアマネジャーが予約をしてくれますので、よく相談して利用しましょう。

将来入所する施設を探す目的でお試し利用をするケースや、入所したい施設を定期的に利用して、本人が施設の雰囲気や職員に慣れ、施設側にも本人や家族の事情を理解して顔馴染みの関係を築いてもらうケースもあります。

❹借りる（福祉用具レンタル）

認知症徘徊感知機器（ベッドから離れたこと、あるいはドアや玄関を通過したことを検知するセンサーを設置して家族に知らせるタイプや、利用者がGPS（位置情報計測システム）を衣服や靴に取りつけて居場所を家族に知らせるタイプなど）、車椅子、歩行器、電動ベッドなどをレンタルします。

❺買う

ポータブルトイレ、特殊尿器、シャワー椅子、浴槽手すりなど、レンタルに適さない福祉用具（特定福祉用具）を、都道府県が指定した業者から購入した費用について、その７〜９割（10万円を上限とする）が支給されます。購入前に、ケアマネジャーに相談してください。

夜間にトイレに何回も行くようになったら、ポータブルトイレの利用を検討します。認知症の人は新しいものを使うのがむずかしいので、慣れるまでは家族やヘルパーが介助する必要があるでしょう。

❻住宅改修

住宅改修費として、20万円を上限に費用の7～9割が支給されます。手すり、段差の解消、床材、引き戸、便器などの改修に用いられています。工事の前に市区町村への申請を必要としますので、ケアマネジャーに相談しましょう。

認知症によって視空間認知障害が表われた場合、段差に気づきにくくなったり、絨毯の模様が段差に見えたりして、室内の移動に恐怖を感じることがあります。このようなケースでは、住宅改修を検討しましょう。

4．介護保険サービスの上手な使い方

仕事と介護の両立には、介護保険サービスの利用は欠かせません。本人が一人ではできないこと、家族ができないこと、家族がするよりもプロにしてもらったほうがいいことを、介護サービスとして有償で提供してもらいます。サービス提供者の手間（時間と労力）と専門知識や体験をお金で買うと考えると、サービスの利用にあたってはビジネスのノウハウが役に立ちます。

特に介護保険サービスは、介護を社会化するための社会保障制度です。国からの恩恵や措置ではありませんので、仕事と介護を両立するために、有効に使いましょう。

◆普段どおりの暮らしを見てもらう

こんな姿を見られたら恥ずかしい、家が汚いから人は呼べないと

サービスを使いたがらない認知症高齢者は少なくありません。その気持ちはよくわかるので、「認知症のことをよく知っている人にいろいろ教えてもらえるといいね」「介護のプロに手助けしてもらうと、暮らしやすくなるよ」と話してみたり、「介護保険は40歳以上の国民全員が保険料を払う社会保険なんだよ。お父さんも毎年何万円も払っているんだから、介護が必要になったら介護保険サービスを使う権利があるんだよ」等々、親の性格を考えて利用を促します。子どもがこんなに自分のことを気にかけてくれるのかとうれしくなって、「いいよ」と答えてくれるといいですね。家族の説得には耳を貸さなくても、医師や一目おく人から勧められると、ものわかりのいい人を演じてすんなりOKしてくれるかもしれません。

　訪問調査を伝えるときも、「調査員はお客様ではないからね。普段の様子を見させてくださいって言っていたよ」「調査員には守秘義務があるから、家のことが近所に知られることはないからね」と、普段どおりでよいことを強調しましょう。

　また、訪問調査があるからと、子どもが親の家を掃除しておく必要はありません。訪問調査員に、ありのままの暮らしを見てもらうことが、正しい要介護度の判定につながります。調査員はごみ屋敷、ゴキブリやネズミの糞は見慣れているので、少々のことでは驚かないそうです。「調査員がくるから、きれいにしなきゃ」と親が自ら掃除をするのは、本人に生きる力があるということなので、「頑張ったね」と労いましょう。

　訪問調査員やケアマネジャーの来訪、サービス担当者会議と目まぐるしい日々が続きますが、家の中に社会の風が入ってくると、家が明るくなることでしょう。

◆とりあえず使ってみる

　介護保険サービスには上述のとおり、さまざまな種類があり、デイ

サービスもいろいろな事業所がやっています。ケアプランを立てるときは、長期目標と短期目標を本人と家族とケアマネジャーが話し合って決め、それをめざして介護保険サービスの組み合わせを考えます。

　ケアマネジャーに勧められたサービスは、とりあえず利用してみてはいかがでしょうか。利用してみて、気に入らなかったらやめればいい、他のところに変えればいいと、気楽に考えましょう。最初からベストを求めるのではなく、「まぁいいか」から始めてみることをお勧めします。そしてケアマネジャーとは、気に入ったサービスを受けられるまで諦めずに相談できる関係を築いていきましょう。

◆**要望は早めに具体的に伝える**

　「ホームヘルパーが○○してくれない」という不満を耳にすることがありますが、介護保険サービスはケアプランに則り、サービス事業者と契約して利用するので、「してくれない」のは契約にないからだと思われます。ケアマネジャーにケアプランに入れてもらえるよう交渉しましょう。サービス内容によっては、介護保険外のサービスだからと断られたり全額自費になったりするものもあります。

　ヘルパーのやり方に不満がある場合は、「こうしてほしい」とヘルパーに具体的に伝えましょう。時間がたつほど「こんなことを言ったら悪いかな」と言いづらくなるので、気づいたときにその場でお願いします。苦情ではなく、お願いというスタンスをとることが、上手に伝えるコツです。できれば、最初の利用時に伝えられると、ヘルパーも指示に沿ってできるので、お互いにメリットがあります。また、ヘルパーは豊富な経験にもとづき行動しているので、それを説明してもらうと、目から鱗のこともあります。認知症の人に接する方法など、プロの技を教えてもらうといいでしょう。

◆**ケアチームとしての信頼関係を築く**

　人はだれでも家族には見せない顔を持っています。職場での顔、趣

味を楽しむ顔、友人と笑う顔…。認知症になったからといって家族とだけしかかかわらずに暮らすのは不自然です。WHOの「健康の定義」にあるように、社会的な面も充実できるようにしてあげましょう。

「ヘルパーがすっかり気に入り、うれしそうな顔でヘルパーを迎える」「家族が聞いたことのない昔話をケアマネジャーに話している」など、家族以外の人と接することは、認知症の人の世界を広げてくれます。たくさんの人にケアチームに入ってもらえば、認知症の人を違う視線で見守ってもらうことができ、家族が介護に行き詰まったときも支えてもらえます。家族によるケアという1本線では、それがどんなに太くてもポキッと折れたらおしまいです。細くても何本も柱があること、すなわち介護のリスクヘッジがあるほうが安心できます。

ケアチームのメンバー同士のよいコミュニケーションが認知症介護には欠かせません。そのためにも、サービス担当者会議には、仕事の都合をつけて参加しましょう。ケアマネジャー、主治医、ヘルパーサービスのサービス提供責任者、デイサービスの職員、訪問看護師などが顔をそろえますので、ケアチームと顔が見える関係になれば、信頼関係が築きやすくなります。

また、介護においては、「以心伝心」よりも言葉で伝えることが大切です。電話、ファクシミリ、電子メールなどでのやり取りや、ケアノートを用意して情報や思いを共有する「報連相」で意思疎通をはかります。遠距離介護の場合は、ケアマネジャーとの連絡は遠ければ遠いほど密にする必要があります。

5．仕事と介護を両立させるには

親が65歳を過ぎたら、介護保険制度や会社の仕事と介護の両立支援

制度について調べておくと安心です。認知症についても、基本的なことを知っていると、いざというときに慌てずに済みます。

　以下では、認知症介護と仕事との両立について、仕事面からアプローチしてみましょう。

◆**コミュニケーションをよくする**

　職場では、普段からコミュニケーションがとれていると、親の介護についても話しやすいものです。プライベートをすべてさらけ出す必要はありませんが、さりげなく親の話ができる上司や同僚がいると心強いでしょう。

◆**介護していることを職場に伝える**

　認知症介護に直面したら、上司や人事担当部署の人に伝えます。認知症はだれでもなりうるありふれた病気といわれますが、職場では、そういう話を一切聞いたことがないという人もいることでしょう。初めて話すのは勇気がいると思いますが、「お話があるので」と伝え、仕事と介護を両立させたいと前向きに話してみましょう。

　最近、話題になっているのが、「隠れ介護者」です。介護のことを一切話さず、ある日突然辞表を出す傾向があるそうです。同僚が頻繁に有休をとるようになったり、遅刻や早退を繰り返したり、居眠りやヒヤリハットが増えてきたら、職場の人は心配になります。しかし、介護が理由であることを知らなければ、応援や協力のしようがありません。仕事に穴をあけたりノルマが達成できなくなってくると、人間関係がぎくしゃくしてきて、ついには、辞めるしかないと追い詰められていきます。

　職場の仲間が認知症の親を介護しているとわかれば、一緒に働き方を改革して助け合おうと言ってくれる上司や同僚が現われます。認知症介護を他人事ではなく自分事として受けとめて、お互いさまだからと励ましてくれる人もいるでしょう。認知症の親が職場に電話をかけ

てくる事情を理解して、私用電話を容認した上司もいます。

　このように、認知症介護を職場でオープンにすることが、両立には欠かせません。ただし、認知症介護のつらい話ばかりすると、周りの人はどう対応していいかわからずに戸惑います。「大変ですね」としか言われないでしょうし、もう聞きたくないと思われるかもしれません。そこで、ほほえましいエピソード、頓智のきいた取り繕い、思わず笑ってしまう失敗談（家族には悲劇）などを、日頃からメモしておいて、話してみてください。認知症に対する印象が変わって、興味を持ってもらえるようになります。そうなると、「お母さん、最近どう？」と聞いてくれるようになり、その人との親しさが増します。話すことでストレス解消もできます。職場の認知症介護の先駆者として、情報発信に努めましょう。

◆**上司や人事部門に相談する**

　認知症介護が始まると、働き方に制約が生じることがあります。できるだけ現在の仕事を続けながら介護するのが大原則ですが、事情によっては、配置転換や職種変更したほうが、両立しやすいこともあるでしょう。各地に支店や工場がある企業では、親の家に近い勤務先への転勤を願い出たり、反対に、転勤したくない旨を伝える場合もあります。

　面談室や小会議室などのプライバシーを確保できる部屋で、上司や人事担当者に両立を可能にする働き方について相談しましょう。介護休業制度の利用についても具体的に検討します。

　ちなみに、望まない転勤命令については、以下の法律によって無効になる可能性があります。

・育児介護休業法26条：（労働者の配置に関する配慮）事業主は、その雇用する労働者の配置の変更で就業の場所の変更を伴うものをしようとする場合において、その就業の場所の変更により就業

しつつその子の養育又は家族の介護を行うことが困難となることとなる労働者がいるときは、当該労働者の子の養育又は家族の介護の状況に配慮しなければならない。
・労働契約法3条3項：労働契約は、労働者及び使用者が仕事と生活の調和にも配慮しつつ締結し、または変更すべきものとする。
・労働契約法3条5項：労働者及び使用者は、労働契約に基づく権利の行使に当たっては、それを濫用することがあってはならない。

◆自分自身の働き方を見直す（働き方改革）

　認知症になると、記憶力や判断力が衰えて、何事にも自信が持てずに不安で一杯になることがあります。そんなときは、「すぐに帰ってきて」「すぐに迎えにきて」と子どもに電話をかけてきたり、デイサービスの職員に電話をかけてもらうこともあります。子どもは、親の話を聞いて「大丈夫だから」と説得しようとしますが、うまくいかなければ、早退せざるをえません。このような事態に備えて、自分の仕事を他の人に任せられるように、仕事内容を整理したり、共有しておく必要があります。「私にしかわからない」という働き方は、みなに迷惑をかけてしまいます。

　また、デイサービスの送迎時間に合わせて帰宅したり、施設の面会時間に間に合うように退社したりするときは、時間厳守で業務をこなさなければなりません。認知症では夕暮れ症候群といって、夕方になるとソワソワして落ち着かなくなり、徘徊・興奮・大声を出すなどのBPSD（行動・心理症状）が見られることが知られています。家で首を長くして待っている親のためには、できるだけ定時退社をしたいものです。そのためには、業務に優先順位をつけ、各業務にかかる時間を設定して、計画的・効率的に仕事をこなす努力が必要です。

　働き方改革は、1日24時間という限られた時間の使い方改革であり、育児中の社員と同じです。

◆気持ちを切り替えて職場では仕事に集中する

　「母親のことが気になって仕事が手につかない」「仕事のことが気になって母親の話が耳に入らない」。いずれであっても、もったいない時間の使い方です。効率よく仕事と介護を両立するためには、意識して気持ちを切り替える努力が必要です。

　仕事中に母親のことを心配しても、具体的に何かをしてあげることはできないので、「いまは仕事をする」と意識して母親のことは考えないようにします。同様に、やり残した仕事や職場の人間関係を家で悩んでも解決できません。「考えるのはやめよう」と意識し、母親の顔を正面から見て笑顔で話しかけてみましょう。

　気になって仕方がないときに「気にしないほうがいい」というアドバイスは何の役にも立たず、酷なことですが、「いまは考えない」と意識することが両立には欠かせません。「仕事と自分の家のこと」「親の介護」の切り替えを新幹線のなかでしていると話す遠距離介護者がいましたが、職場に着いたらまずは、「仕事に集中」と自分に言いきかせましょう。

6．ストレスマネジメント

　仕事と介護を両立させるためには、ストレスマネジメントも重要です。

◆ワークとライフのバランスをとる

　親の介護はプライベートなことなので、「ライフ」に分類されると思っている人が多いようですが、仕事はワークで介護はライフ、これでワーク・ライフ・バランスをとれと言われたら、アップアップしてしまいませんか。介護施設で働く人たちを「ワーカー（働き手・仕事

する人)」と呼ぶように、親の介護はワークに入れて考えることをお勧めします。すなわち、ワーク（仕事、介護）とライフ（自分の命、私生活、生涯）の２つのバランスをとることが、長く続く認知症介護を成功させる秘訣です。

英語のlifeには、元気という意味があります。元気に仕事と介護を遂行するコツを考えてみましょう。

◆**自分の時間を大切にする**

日野原重明先生は、自身が全国の小学校で行なっていた「いのちの授業」で、「いのちとは、人間が持っている時間のことです」と言い、小学生に朝から何をしたかと聞きました。「朝ご飯を食べた、学校にきた、勉強した。どれも自分のためだけに時間を使っていますね。これからは、だれかのために時間を使ってください」と話していました。介護はまさに親のために時間を使うことです。自分の時間を親にプレゼントすることです。

先生は、「人のために使った時間と自分のために使った時間のバランスはどうなっていますか」と問いました。時間の使い方もバランスが大事なのです。介護中は、人のために使う時間が長くなり、バランスをとることがむずかしくなります。少ない時間でも自分のいのちを輝かせることができたら、精神とのバランスがとれるのではないでしょうか。

「散歩中、ずっと母のことが頭から離れなかった」ではストレス解消になりません。思い切り泣ける映画を観る、落語や漫才を聞いて大笑いをする、泳いだり走ったり踊ったり汗を流してスポーツをするなど、ワークを忘れられる時間を持つようにします。介護の事情は何も変わらなくても、脳がリフレッシュすると、また頑張ろうと自然に思えるようになります。

介護が始まると、仕事だけを残して、趣味も習い事もボランティア

活動もやめてしまう人がいますが、ワークで忙しいときこそライフを充実させなくちゃと、新たにスポーツジムの会員になった人もいます。会費がもったいないから絶対に行くと決めて、土曜日は兄弟姉妹に介護を任せる算段をしました。ジムでスッキリすると、周りの人の協力に感謝して認知症の親にも優しい言葉がかけられるそうです。「自分の好きなことは、介護が終わったらしよう」ではなく、好きなことをしながら介護する方法を考えましょう。介護に直面してから趣味を見つけるのはむずかしいので、いつでも、どこでも、気軽に、空き時間で楽しめることを見つけておくのも介護への備えになります。

◆介護は6割で「まぁいいか」

　仕事と介護を両立していると、24時間があっという間に過ぎてしまいます。帰宅して、親の相手をしながら食事をつくって、一緒に食べて、お風呂に入ってもらって、明日のデイサービスの準備もしなければと、やることはたくさんあります。このような毎日を送っていると、「認知症介護では待つことが大事、笑顔でゆっくり会話をしましょう」と言われても、そうはいかないと感じる人が多いのではないでしょうか。

　1日24時間は変えられません。仕事の手抜きは勧められないので、介護で上手に手を抜く方法を考えてみませんか。最初に、介護に優先順位をつけます。食事と排泄のお世話がトップにきますが、それ以外は家庭によって異なります。それを、家族にしかできないことと、プロにしてもらえることで分けます。家族介護が一番と考えずにプロに頼めることは任せ、便利なものを使います。たとえば、身体介護は介護保険のヘルパーに、掃除は民間会社のお掃除のプロに、ご飯は配食サービス、お風呂はデイサービス、買い物は生協やネットスーパーの宅配、話し相手は傾聴ボランティア、通院が大変なら往診を依頼、など、自分がしないで済むようにケアマネジャーに相談しながら進めま

す。これらは遠距離介護でも同じです。

　きれい好きできちんとしないと気が済まない人よりも、「まぁいいか」と思える人のほうが、認知症介護には向いているそうです。10割の介護をしていると、それが当たり前になって、認知症の親はどんどん依存的になってきます。仕事で疲れて8割の介護をしたら、「あなたは冷たくなった」と文句を言われますが、いつもは6割でたまに8割の介護をしたら「きょうは優しいね」と喜んでもらえます。手厚い介護は、本人の残存能力を奪ってしまいます。介護は自立支援が基本ですので、できなくなったことに対して、最小限の手助けをするようにしましょう。

　繰り返しになりますが、息子や娘であることはケアマネジャーやヘルパーに代わってもらうことはできません。家族として精神的な支えになりましょう。

◆**介護経験の言語化と情報発信**

　仕事と介護の両立では、会社の上司や介護の専門家に相談することが大事です。相談のために自分の悩みを言語化することは、状況の客観視や問題点の整理につながり、人に話すことは、抱え込んでいた思いが解放されて気持ちが軽くなる効果があります。反対に、相談されて自分の経験が役立ったら、何よりのストレス解消になります。

　また、両立で忙しい日常や認知症の親との悲喜こもごもを、日記に書いたり、SNSに書き込んだり、短歌や川柳にしている人もいます。自分のために書いているうちに発信したいと思うようになり、そうなると、認知症介護のエピソードは貴重な情報源になってきます。同じ事象でも受けとめ方が変われば、ストレス度は低くなります。

　自分の性分に合う言語化や情報発信の方法を探してみませんか。

3　実践　認知症介護

　人間が健康的に生きていくためには、肉体的・精神的な側面だけではなく、社会的にも満たされていることが大切であり、それはWHOの「健康」の定義 "Health is a state of complete physical, mental and social well-being and not merely the absence of disease or infirmity"（「健康とは、病気でないとか、弱っていないということではなく、肉体的にも、精神的にも、そして社会的にも、すべてが満たされた状態にあること」日本WHO協会訳）にも示されています。

　これは、認知症の介護においても、認知症の人の心身に加え、社会的な側面にも配慮したケアが求められることを示唆していますので、家族だけの、世の中から閉ざされた環境ではなく、社会の一員として生きていくことを応援していきたいと思います。

　ここで、認知症の症状に合わせた介護について考えてみましょう。脳の神経細胞がなんらかの原因で障害を受けると、記憶障害、見当識障害、失語、失行、失認、実行機能障害、理解・判断力の障害などの症状が表われます。これらは中核症状と呼ばれ、認知症の人のほとんどに見られますが、有効な治療法が見つかっていません。これらの症状を抱えながら生きていくなかでは、本人の性格や素質、その人のおかれた環境や人間関係、心理状態によって、抑うつ状態、幻覚、妄想、徘徊、不眠、昼夜逆転、作話、異食、介護拒否などの症状をともなうことがあります。これらは行動・心理症状（BPSD：Behavioral and Psychological Symptoms of Dementia）と呼ばれています。BPSDはだれにでも見られるわけではありません。またBPSDが出ても、環境

や人間関係の調整、本人の心理状態への上手な対応によって症状が改善することもよく知られています。

　BPSDが軽微ならば認知症介護と仕事との両立のハードルはグッと下がります。以下では、その状態をめざした認知症介護のヒントを紹介します。

１．認知症介護のヒント

◆親のことをよく知る

　認知症介護は、まず、親を知ることから始まります。親のことは、同居していたとしてもあまり知らないのではないでしょうか。生い立ち、家庭生活、仕事や趣味、輝いていた時代の話を聞いてみましょう。それにより、お気に入りエピソードを知ることができたら、介護を進めていくなかでの会話が、その話題で盛り上がることでしょう。

　筆者は、「天才バカボンの幸福とは今日もおひさまが昇ること」という書籍のなかに出てくる、バカボンパパの台詞「幸福とは、繰り返し語る思い出があること」が、とても印象に残っています。同じ話を初めてのように聞くこと、何度も何度も聞くこと、話に詰まったら助け舟を出すこと。いつかはこの話も忘れてしまうかもしれないと思えば、幸せな時間です。家族が自分に関心を持っていることを肌で感じられれば、疎外感や孤独感からくるBPSDは防ぐことができるのではないでしょうか。

　食べ物、音楽、映画、服装、色などの好き嫌いも知っておきたい情報です。好物のメロンを出したら、「こんなおいしいもの生まれて初めて食べた」と大喜びされたという話を聞きました。好きなものを食べると自然に笑みがこぼれ、自分が大事にされていると感じること

で、心理状態が安定します。家族以外の人から介護を受けるときも、人物像を伝えて、個別ケアをしてもらいましょう。

◆「忘れても大丈夫」と安心してもらう

　認知症では記憶障害がよく見られるので、忘れることへの不安を和らげることが大事です。「記憶できない」とは、自分の存在が不確かになることです。カレンダーを見ても、きょうがいつなのかがわからない、このメモをいつ書いたのか、メモに書いてある場所はどこなのか、だれと行くのかなど、次々に疑問がわいてきます。家族に確認しても確認したことを忘れてしまうので何度も聞く。「もう忘れたの。さっき教えたでしょ」と叱られて、さらに自信をなくす。何度も同じ質問をされると、家族はつい怒りたくなりますが、「またか」の気持ちを封印して、そのつど簡単に答えることを心掛けてください。

　淡々とした答えを聞いているうちに、認知症の人は安心できたり、他のことに気持ちが移ったりして、質問が終わります。家族に怒られないことがわかれば、「忘れても大丈夫だ。家族に聞けばいいんだ」と安心してもらえます。不安でどうしようもない気持ちを家族に受けとめてもらえると、認知症の人は穏やかな気持ちになり、家族と良い関係を保てます。

　仕事から帰ってきて、同じ問答を繰り返すことは疲れを増しますが、怒ると余計に疲れますので、一緒に脳のトレーニングをする時間ととらえてみてはいかがでしょうか。

◆「正しい」より「楽しい」を

　認知症の人とおつき合いをする際、筆者は「正しい」より「楽しい」を心掛けています。記憶があやふやなので間違ったことを言ったり、その場を取り繕うために作り話をすることもあるでしょう。それを一つひとつ訂正されたり、厳しく叱責されたりしたら、どんな気持ちになるでしょうか。「正しいことを教えてくれてありがとう」と思

う人はまずいません。筆者は、「恥をかかされた」「馬鹿にされた」とは感じてほしくありません。

　「母は"ます"という名前なのですが"みさき"だと言い張ります。まぁそれもいいかと思って、母といるときは、私も女優になります」と話す娘さんに、筆者が「アカデミー賞をとれるといいですね」と言うと、「主演女優賞は母で、私は助演女優賞ですね」と返されました。2人でレッドカーペットを歩きたいと笑う娘さんに、その人の世界で一緒に演じることの意味を教えてもらいました。

　「正しいよりも楽しい」がいいと思える家族になら、失敗しても笑って許してもらえるので、認知症の人の気持ちは楽になると思います。ただし、家族として嘘はつけない、楽しいでは済まないことも多々あるでしょう。そこは、臨機応変、自分の気持ちに正直になってください。訂正する場合は、まず「そうだね」と受け入れてから、事実を柔らかく伝えるなど、伝え方を工夫します。そのような対応が、認知症の人の暴言や暴力、介護拒否の改善につながる可能性があります。

　また、たとえば「あなたはだれ？　ここは私の家ではない」と母親に言われたら、「私はあなたの娘よ。ここはお母さんの家でしょ」と思わず返したくなります。なかなか話が通じないのでイライラしたり悲しくなったりで、きっと怖い顔をして母親を見ていることでしょう。しかし母親からすれば、「自分の家とは思えないところで、知らない人が怖い顔で娘だと言っている」状況に自分がおかれているのです。穏やかでいられるはずがありません。

　そんなときは、「一緒にいる人がだれかわからないのは、どんなに不安だろう。自分の家だと認識できなかったら、帰らなければならないと思うだろう」と、認知症の人の不安感や焦燥感に思いを馳せてください。認知症の人の世界に入ってみて、「そうですか。私にあなたのお世話をさせていただけますか。ここは安心できるところですから

大丈夫ですよ」と伝えて、会話を始めてみてはいかがでしょうか。
◆日課や役割を持ってもらう
　認知症の親から、「生きていてもしょうがない、死にたい」と言われたとき、なんと言葉を掛けますか。こんな事例があります。
　「長年、母に洗濯物を干すのと取り込むのを任せていたのですが、足元がおぼつかなくなったので、"危ないから干さなくていいよ"と認知症の母からその仕事を取り上げました。そうしたら母は中学生の孫に、"もう死にたい"と言ったようです。私は子ども（中学生の孫）に、"物干し台の高さを低くすればおばあちゃんでも干せる。おばあちゃんの仕事を取り上げてはだめだよ"と言われ、新しい物干し台を買いました。母は喜んでまたせっせと干しています」
　ときどき取り込むのを忘れたり、生乾きでも取り込んでしまったりするようですが、家族のために仕事をしてもらうのが認知症のリハビリだと思って、感謝の言葉を伝えているそうです。また、かえって手間がかかるので「何もしなくていいから」と禁止していたことも、やってもらうようにしたそうです。このように、日課や役割のある生活は、認知症の人に生きがいを感じてもらえます。身体を動かせば運動にもなります。実行がむずかしくなったときには、本人の残された力でもできるように家族が工夫するのが、介護のコツです。
　特に、認知症が軽度のうちは、家族やヘルパーには見守りやすりげないアドバイスをしてほしいと望んでいます。「一人だと、自分のペースで自由にできるし、失敗しても叱られない。困ったときに、どうしたのと聞いてくれる人がいればいい」「周りの人がすべてやってくれたら楽だけれど、何もできなくなってしまう。自分に自信が持てなくなる」という言葉からは、まだ自分でしたい、困ったときに声を掛けてほしい、やれることはやらせてほしいという思いが伝わってきます。周りの人が何をさせようかではなく、何をやりたいかを本人に

聞くことから始めましょう。

◆せかさずに、できるのを待つ

　仕事を続けながら介護もしていると、時間が何よりも貴重なので、「早く、早く」とせかしたり、つい手を出したりしがちです。認知症になると、以前は特に考えることなく自然にできたことでも、一つひとつやり方を確かめながらするようになります。「私は目一杯やってるの。これ以上、求めないで」と訴える人もいるように、何気ない暮らしの場面でもグッタリ疲れるそうです。「すぐにぱぱっと」は封印して、「待つ」ことを心掛けます。認知症の人を介護者のペースに合わせようとするのではなく、認知症の人のペースに合わせましょう。

　話をするときも、言葉のキャッチボールを意識し、わかりやすい言葉でゆっくり話すなど、相手が受けとめやすいボールを投げます。早口で滑舌が悪いと認知症の人は聞き取れません。また、一方的に話しかけるのではなく、相手から返ってくるボールを待ちます。返事がなく無言が続いたり、言葉が途中で切れたような場合、相手は話したいことを一生懸命考えているのかもしれません。認知症になると、言葉を思い出すのにも時間がかかります。相手からのボールを楽しみに待ちましょう。そうやって紡ぎ出された認知症の人の言葉には真実があると、筆者はいつも思います。ときには、認知症の人がずっとしゃべり続けることもありますが、「好きなだけしゃべってもらおう」とゆったり構えることができれば、話につき合える気持ちになります。

2．認知症進行度の目安

　認知症は緩やかに進行するといわれますが、人により進行度は異なります。認知症の進行の程度を見る判断尺度を参考にしてください。

◆日常生活動作（ADL、IADL）

　認知症は、もの忘れやできないことが増えて、日常生活に支障をきたしていることが特徴です。日常生活を送るうえで欠かせない「動作」から、認知症の進行度を測る方法があります。

　日常生活を支える動作には2種類があります。

　日常生活動作（ADL：Activities of Daily Living）と呼ばれる、食事、排泄、入浴、整容、更衣、移動、起居は、生活するための必要最低限の動作で、だれかに代わりにやってもらうことはできません。たとえば排泄は、「排尿したいけれど私はトイレに行けないから、あなたが代わりにトイレに行って排尿してきてください」は成り立ちません。このように本人自身がすることで生命が維持され、日常生活が送れます（図表3-1参照）。

　もう一つは手段的日常生活動作（IADL：Instrumental Activities of Daily Living）です。電話をかける、買い物、食事の準備、家事、洗濯、交通機関の利用、服薬管理、財産管理など、地域で自立した生活を送るのに必要な動作です。ADLよりも高次で複雑な動作ですが、代わりにやってもらうことができます（図表3-2参照）。

　また、厚生労働省の「21世紀における国民健康づくり運動」（健康日本21）では、手段的日常生活動作による障害指標として以下を採用しています。

・バスや電車を使って一人で外出できますか
・日用品の買い物ができますか
・自分で食事の用意ができますか
・請求書の支払いができますか
・銀行預金、郵便貯金の出し入れが自分でできますか
・ゲートボール、踊りなど趣味を楽しんでいますか

　認知症の進行度をADLとIADLを使って測定すると、図表3-3の

図表3-1　バーセルインデックス（Barthel Index：機能的評価）

		点数	質問内容	得点
1	食事	10	自立、自助具などの装着可、標準的時間内に食べ終える	
		5	部分介助（たとえば、おかずを切って細かくしてもらう）	
		0	全介助	
2	車椅子から ベッドへの 移動	15	自立、ブレーキ、フットレストの操作も含む（非行自立も含む）	
		10	軽度の部分介助または監視を要する	
		5	座ることは可能であるがほぼ全介助	
		0	全介助または不可能	
3	整容	5	自立（洗面、整髪、歯磨き、ひげ剃り）	
		0	部分介助または不可能	
4	トイレ動作	10	自立（衣服の操作、後始末を含む、ポータブル便器などを使用している場合はその洗浄も含む）	
		5	部分介助、身体を支える、衣服、後始末に介助を要する	
		0	全介助または不可能	
5	入浴	5	自立	
		0	部分介助または不可能	
6	歩行	15	45M以上の歩行、補装具（車椅子、歩行器は除く）の使用の有無は問わず	
		10	45M以上の介助歩行、歩行器の使用を含む	
		5	歩行不能の場合、車椅子にて45M以上の操作可能	
		0	上記以外	
7	階段昇降	10	自立、手すりなどの使用の有無は問わない	
		5	介助または監視を要する	
		0	不可能	
8	着替え	10	自立、靴、ファスナー、装具の着脱を含む	
		5	部分介助、標準的な時間内、半分以上は自分で行なえる	
		0	上記以外	
9	排便 コントロール	10	失禁なし、浣腸、坐薬の取り扱いも可能	
		5	ときに失禁あり、浣腸、坐薬の取り扱いに介助を要する者も含む	
		0	上記以外	
10	排尿 コントロール	10	失禁なし、収尿器の取り扱いも可能	
		5	ときに失禁あり、収尿器の取り扱いに介助を要する者も含む	
		0	上記以外	
			合計得点（　　　／100点）	

※1　得点：0～15点　※2　得点が高いほど、機能的評価が高い
出所：厚生労働省

図表 3-2　手段的日常生活動作（IADL）尺度

項目	採点 男性	採点 女性
A　電話を使用する能力		
1．自分から電話をかける（電話帳を調べたり、ダイアル番号を回すなど）	1	1
2．2、3のよく知っている番号をかける	1	1
3．電話に出るが自分からかけることはない	1	1
4．全く電話を使用しない	0	0
B　買い物		
1．すべての買い物は自分で行なう	1	1
2．少額の買い物は自分で行なえる	0	0
3．買い物に行くときはいつも付き添いが必要	0	0
4．全く買い物はできない	0	0
C　食事の準備		
1．適切な食事を自分で計画し準備し給仕する		1
2．材料が供与されれば適切な食事を準備する		0
3．準備された食事を温めて給仕する、あるいは食事を準備するが適切な食事内容を維持しない		0
4．食事の準備と給仕をしてもらう必要がある		0
D　家事		
1．家事を一人でこなす、あるいは時に手助けを要する（例：重労働など）		1
2．皿洗いやベッドの支度などの日常的仕事はできる		1
3．簡単な日常的仕事はできるが、妥当な清潔さの基準を保てない		1
4．すべての家事に手助けを必要とする		1
5．すべての家事にかかわらない		0
E　洗濯		
1．自分の洗濯は完全に行なう		1
2．ソックス、靴下のすすぎなど簡単な洗濯をする		1
3．すべて他人にしてもらわなければならない		0
F　移送の形式		
1．自分で公的機関を利用して旅行したり自家用車を運転する	1	1
2．タクシーを利用して旅行するが、その他の公的輸送機関は利用しない	1	1
3．付き添いがいたり、みなと一緒なら公的輸送機関で旅行する	1	1
4．付き添いか、みなと一緒で、タクシーか自家用車に限り旅行する	0	0
5．全く旅行しない	0	0
G　自分の服薬管理		
1．正しいときに正しい量の薬を飲むことに責任が持てる	1	1
2．あらかじめ薬が分けて準備されていれば飲むことができる	0	0
3．自分の薬を管理できない	0	0
H　財産取り扱い能力		
1．経済的問題を自分で管理して（予算、小切手書き、掛金支払い、銀行へ行く）一連の収入を得て、維持する	1	1
2．日々の小銭は管理するが、預金や大金などでは手助けを必要とする	0	0
3．金銭の取り扱いができない	0	0

採点法は各項目ごとに該当する右端の数値を合計する（男性 0 ～ 5、女性 0 ～ 8 点）
点数が高いほど自立していることを表わす

出所：https://lelien2018.jp/wp-content/uploads/2019/06/42e18d52fc2549b8a18309fda19ec6ed.pdf

3●実践　認知症介護　93

図表3-3　認知症の進行度（ADLとIADLを使って測定）

状態区分	ADL	IADL
軽度	なんとか自立	一人でできないことがある
中等度	手助けが必要	一人でできないことが多い
高度	全面的に手助けが必要	すべて一人ではできない

図表3-4　日常生活自立度

Ⅰ	なんらかの認知症を有するが、日常生活は家庭内および社会的にほぼ自立している。在宅生活、一人暮らしも可能		
Ⅱ	日常生活に支障をきたすような症状・行動や意思疎通の困難さが多少見られても、だれかが注意していれば自立できる。在宅生活が基本であるが、一人暮らしは困難な場合もある	Ⅱa	家庭外でⅡの状態が見られる（たびたび道に迷う、買い物や事務、金銭管理などでミスが目立つ等）
		Ⅱb	家庭内でもⅡの状態が見られる（服薬管理、電話や訪問者との対応など、一人で留守番ができない等）
Ⅲ	日常生活に支障をきたすような症状・行動や意思疎通の困難さ（着替え、食事、排泄が上手にできない・時間がかかる、徘徊、大声、火の不始末など）が時々見られ、介護が必要。在宅生活が基本であるが、一人暮らしは困難	Ⅲa	日中を中心としてⅢの状態が見られる
		Ⅲb	夜間を中心としてⅢの状態が見られる
Ⅳ	日常生活に支障をきたすような症状・行動や意思疎通の困難さが頻繁に見られ、常に介護が必要。家族の介護力によっては施設への入所を検討する		
Ⅴ	著しい精神症状やBPSD（せん妄、妄想、興奮、自傷・他害など）あるいは重篤な身体疾患が見られ、専門医療を必要とする		

ようになります。IADLの低下が起きてから、次にADLの障害が見られます。

◆認知症高齢者の日常生活自立度

　認知症のある高齢者が日常生活を自立して送ることができるかを測る尺度が、日常生活自立度です。7段階（Ⅰ、Ⅱa、Ⅱb、Ⅲa、Ⅲb、Ⅳ、Ⅴ）に分かれていて、介護サービスを利用するときに使用されます（図表3-4）。介護保険の要介護認定では、訪問調査員の聞き取りや主治医意見書に採用されています。

図表3-5　「要支援」「要介護」の身体の状態

状態区分	身体の状態（例）
要支援1	日常生活はほぼ自分でできるが、現状を改善し、要介護状態予防のために少し支援が必要
要支援2	日常生活に支援が必要だが、要介護には至らず、改善する可能性が高い
要介護1	立ち上がりや歩行が不安定。排泄や入浴などに部分的介助が必要
要介護2	立ち上がりや歩行などが自力では困難。排泄・入浴などに一部または全介助が必要
要介護3	立ち上がりや歩行などが自力ではできない。排泄・入浴・衣服の着脱など全面的な介助が必要
要介護4	日常生活能力の低下が見られ、排泄・入浴・衣服の着脱など全般に全面的な介助が必要
要介護5	日常生活全般について全面的な介助が必要。意思の伝達も困難。介護なしでは日常生活が不可能

◆介護保険の要支援・要介護認定

　高齢者の身体機能と認知機能の衰えを、介護の手間に置き換えて判定した基準です。要支援1、2と要介護1～5の7段階あります。要支援1、2は今後、介護状態にならないように介護予防を必要とする段階です。要介護1～5は介護を必要とする段階で、数字が大きいほど介護の手間が増えるとみなされています（図表3-5）。

　特別養護老人ホームは要介護3から申し込みが可能になります。それは、要介護3は排泄が自分一人ではできない段階であり、在宅での暮らしが困難になる人が多いとの判断からです。要介護5はほぼ寝たきりの状態です。

3．認知症の認知レベルを調べるには

◆認知症の重い軽いはどう判断するのか

　認知症が重いか軽いかの判断は、日常生活自立度といった介護と絡

めた重症度ではなく、医学的診断の一部と考えるとよいでしょう。

認知症診断基準のなかで特に重要なのは、対人関係と生活障害の有無です。記憶を中心とした認知機能は年とともに衰えますので、記憶障害や見当識障害があるからと、認知症と即断するわけにはいきません。認知機能の衰えが日常生活や対人関係の円滑な維持に支障が出る程度になって初めて認知症と判断すべきという考え方です。以下にあげるHDS-RやMMSEはあくまでも簡易知能評価なので、日常生活や対人関係に支障が生じているかや、認知障害が一時的なものか、脳の器質障害によるものかは測れません。したがって医師は、これらの簡易認知症検査スケールを補助として日常生活全体を評価して認知症の診断と重症度の判定を行ないます。

心理面、生活面を加味して認知症の重症度をトータルに判定する評価尺度として考案されたのが、CDRとNMスケールです。重症度評価尺度の結果は簡易認知症検査スケールの結果ともよく一致します。そのため、簡易知能検査の結果を見て重症度をおおよそ推定することもあります。

◆認知症検査スケール

❶HDS-R（長谷川式認知症スケール）

精神科医の長谷川和夫氏が、認知症のスクリーニング検査（疾患の疑いのある者の発見を目的に行なう検査）として開発した簡易知能検査です。20点以下は認知症の疑いが高くなります（図表3-6）。

❷MMSE（ミニメンタルステート検査）

精神状態短時間検査と呼ばれる認知症のスクリーニング検査で、アメリカのフォルスタイン夫妻が開発しました。23点以下は認知症の疑いが高くなります（図表3-7）。

❸臨床認知症尺度（CDR：Clinical Dementia Rating）

医療関係者が、介護者からの情報と本人の検査結果にもとづいて認

知症の有無や重症度を評定する尺度で、国際的に用いられています（図表3-8）。医師が、「一人暮らしはむずかしいのでは」「施設を検討したほうがいいでしょう」などと助言するときの基準に使われています（「臨床情報入力シート：認知症」https://biobankjp.org/cohort_3rd/sample/pdf/list9.2/383_ninchisho.pdf参照）。

❹N式老年者用精神状態尺度（NMスケール）

　日本でよく使われています。高齢者の日常生活における生活能力を多角的に観察して評価します（図表3-9）。

◆認知症の判断基準

　上記の日常生活自立度、要支援・要介護認定の判断基準は、介護保険上での区分に使います。一方、HDS-R、MMSE、CDR、NMスケールは、医療や介護の専門家が認知症の人の状態を客観的に把握するために用いられます。家族にとっては、仕事と在宅介護の両立がむずかしくなってきたときや、親が一人暮らしを続けるのは限界なのではないかと悩んだときの参考になるでしょう。ある医師は、MMSEの点数を折れ線グラフにして、本人と家族にこれまでの経過を目で確認してもらい、「大きな変化が見られないので、もうしばらくこのままの暮らしを継続するといいですね」「急激に下降していますが、要因として思い当たることはありますか」など、この先の予測を伝えて治療に役立てています。「16点なので、一人暮らしはそろそろむずかしいのではないですか」と、一つの目安として利用することもあるそうです。

　認知症を抱えた人と家族がともに生きていく時間をどう過ごすか、多くの介護家族は、認知症の進行度に合わせて試行錯誤しながら、自分たちに合った暮らし方を見つけていきます。以下では、認知症の、軽度・中等度・高度の段階ごとに、介護のケアプラン例を紹介します。

図表3-6　長谷川式認知症スケール（HDS-R）

検査日：　　年　　月　　日

性別：　男　・　女

氏名

	質問内容		配点	記入
1	お歳はいくつですか？（2年までの誤差は正解）		0　1	
2	きょうは何年の何月何日ですか？　何曜日ですか？ （年、月、日、曜日が正解でそれぞれ1点ずつ）	年	0　1	
		月	0　1	
		日	0　1	
		曜日	0　1	
3	私たちがいるところはどこですか？（自発的に出れば2点、5秒おいて、家ですか？　病院ですか？　施設ですか？　のなかから正しい選択をすれば1点）		0　1　2	
4	これから言う3つの言葉を言ってみてください。あとでまた聞きますのでよく覚えておいてください。（以下の系列のいずれか1つで、採用した系列に○印をつけておく） 　1：a）桜　b）猫　c）電車　2：a）梅　b）犬　c）自動車		0　1　2	
5	100から7を順番に引いてください。（100-7は？　それからまた7を引くと？　と質問する。最初の答えが不正解の場合、打ち切る）	（93）	0　1	
		（86）	0　1	
6	私がこれから言う数字を逆から言ってください。 （6-8-2、3-5-2-9）（3桁逆唱に失敗したら打ち切る）	2-8-6	0　1	
		9-2-5-3	0　1	
7	先ほど覚えてもらった言葉をもう一度言ってみてください。自発的に回答があれば各2点、もし回答がない場合、以下のヒントを与えて正解であれば1点。 　a）植物　b）動物　c）乗り物		a：0　1　2 b：0　1　2 c：0　1　2	
8	これから5つの品物を見せます。それを隠しますので何があったか言ってください。 （時計、鍵、たばこ、ペン、硬貨など必ず相互に無関係なもの）		0　1　2 3　4　5	
9	知っている野菜の言葉をできるだけ多く言ってください。（答えた野菜の名前を右欄に記入する。途中で詰まり、約10秒待っても出ない場合にはそこで打ち切る） 　5個までは0点、6個＝1点、7個＝2点、8個＝3点、9個＝4点、10個＝5点		0　1　2 3　4　5	
			合計得点	点

出所：https://cdn.rehaplan.jp/cms/upload/3554/HDS-R.pdf

図表3-7　MMSE（ミニメンタルステート検査）

	質問	得点
1（5点）	今年は何年ですか？ 今の季節は何ですか？ きょうは何曜日ですか？ きょうは何月何日ですか？	年　0　1 季節　0　1 曜日　0　1 月　0　1 日　0　1
2（5点）	この病院の名前は何ですか？ ここは何県ですか？ ここは何市ですか？ ここは何階ですか？ ここは何地方ですか？	病院　0　1 県　0　1 市　0　1 階　0　1 地方　0　1
3（3点）	物品名3個（桜、猫、電車） ※1秒間に1個ずつ言う。その後、被験者に繰り返させる。正答1個につき1点を与える。3個すべて言うまで繰り返す（6回まで）。	0　1　2　3
4（5点）	100から順に7を引く（5回まで）。	93　0　1 86　0　1 79　0　1 72　0　1 65　0　1
5（3点）	設問3で提示した物品名を再度復唱させる。	0　1　2　3
6（2点）	（時計を見せながら）これは何ですか？ （鉛筆を見せながら）これは何ですか？	0　1 0　1
7（1点）	次の文章を繰り返す。 「みんなで、力を合わせて綱を引きます」	0　1
8（3点）	（3段階の命令） 「右手にこの紙を持ってください」 「それを半分に折りたたんでください」 「それを私に渡してください」	0　1 0　1 0　1
9（1点）	（次の文章を読んで、その指示に従ってください） 「右手をあげなさい」	0　1
10（1点）	（何か文章を書いてください）	0　1
11（1点）	（次の図形を書いてください）	0　1
合計		／30

出所：https://cocoromi-cl.jp/wp-content/uploads/2018/06/ba0dc87c11ceb84a2c57122847055cf8.pdf

図表3-8　臨床認知症尺度（CDR：Clinical Dementia Rating）

	なし0点	疑い0.5点	軽度1点	中等度2点	高度3点
記憶	記憶障害なし。軽度の一貫しないもの忘れ。	一貫した軽いもの忘れ。不完全な想起。"良性健忘"。	中等度の記憶障害。特に最近の出来事に対するもの。日常活動に支障。	重度の記憶障害。高度に学習した記憶は保持、新しいものはすぐに忘れる。	重度の記憶障害。断片的記憶のみ残存する程度。
見当識	見当識障害なし。	時間的関連性に軽度の障害がある以外は見当識障害なし。	時間的関連性に中等度の障害があり、検査では場所の見当識良好、他の場所で時に地誌的失見当。	時間的関連性に重度の障害がある。通常時間の失見当、しばしば場所の失見当あり。	人物への見当識のみ。
判断力と問題解決	日常生活での問題解決に支障なし。過去の行動に関して判断も適切。	問題解決、類似や相違の指摘における軽度の障害。	問題解決、類似や相違の指摘における中等度障害。社会的判断は通常、保たれている。	問題解決、類似や相違の指摘における重度の障害。社会的判断は通常、障害されている。	問題解決不能。判断不能。
地域社会活動	通常の仕事、買い物、金銭の管理、ボランティア、社会的グループで通常の自立した機能。	左記の活動に軽度の障害がある。	左記の活動のいくつかに参加できるが、自立した機能を果たすことはできない。一見正常。	家庭外では自立不可能。一見して家庭外の活動にかかわれるように見える。	一見して家庭外での活動に参加できるようには見えない。
家庭状況および趣味・関心	家庭での生活、趣味や知的関心は十分保たれている。	家庭での生活、趣味や知的関心が軽度に障害されている。	軽度しかし明らかな家庭生活の障害。複雑な家事の障害、複雑な趣味や関心の喪失。	単純な家事手伝いのみ可能。非常に限られた関心がわずかにある。	家庭内で意味のある生活活動はできない。
介護状況	セルフケアは完全にできる。	時に励ましが必要。	着衣、衛生管理、身繕いに介助が必要。	本人のケアに対して多大な介助が必要。頻回な失禁。	

CDRの判定方法

1. もっとも重視するカテゴリーは記憶です。
　　例：記憶のみが0.5点、その他はいずれも0点の場合、総合判定は0.5点になります。
2. 次に重視されるのが、見当識と判断力・問題解決です。しかし、見当識または判断力のみが0.5点で、その他はいずれも0点の場合は、総合判定は0点となります。この点にご注意ください。
3. ばらけた場合は、基本的にもっとも多く占めるカテゴリーの点数が総合判定の点数になります。さまざまなパターンにおける総合判定は、「CDR総合判定例」をご参照ください。

出所：https://biobankjp.org/cohort_3rd/sample/pdf/list9.2/383_ninchisho.pdf

図表3-9 N式老年者用精神状態尺度（NMスケール）

	家事、身辺整理	関心、意欲、交流	会話	記銘、記憶	見当識
0点	不能	無関心、全く何もしない	呼びかけに無反応	不能	全くなし
1点	ほとんど不能	周囲に多少関心あり。ぼんやりと無為に過ごすことが多い	呼びかけに一応反応するが、自ら話すことはない	新しいことは全く覚えられない。古い記憶がまれにある	ほとんどなし。人物の判別困難
3点	買い物不能。ごく簡単な家事、整理も不完全	自らはほとんど何もしないが、指示されれば簡単なことはしようとする	ごく簡単な会話のみ可能。つじつまの合わないことが多い	最近の記憶はほとんどない。古い記憶が多少残存。生年月日不確か	失見当著明。家族と他人は区別できるが、だれかわからない
5点	簡単な買い物も不能か。ごく簡単な家事、整理のみ可能	習慣的なことはある程度自らする。気が向けば人に話しかける	簡単な会話は可能だが、つじつまの合わないことがある	最近の出来事の記憶困難。古い記憶の部分が欠落。生年月日ほぼ正答	失見当識がかなりあり（日時、年齢、場所など不確か。道に迷う）
7点	簡単な買い物は可能。留守番、極簡単な家事、整理は困難	運動、家事、仕事、趣味など気が向けばする。必要なことは自ら話す	話し方はなめらかではないが、簡単な会話は通じる	最近の出来事をよく忘れる。古い記憶はほぼ正答	時々場所を間違えることがある
9点	やや不確かだが買い物、留守番、家事などを一応任せられる	やや精神性の低下が見られるが、ほぼ正常	日常会話はほぼ正常。複雑な会話がやや困難	最近の出来事を時々忘れる	時々日時を間違えることがある
10点	正常	正常	正常	正常	正常
評価					

「家事、身辺整理」「関心、意欲、交流」「会話」「記銘、記憶」「見当識」の各項目別に、どの区分に当てはまるかを評価した後、各項目の点数を合計します。寝たきりなどベッド上での生活の場合は、「会話」「記銘、記憶」「見当識」の3項目で評価します。

図表3-10　判断基準

HDS-R（30点満点）	軽度	中等度	やや高度	高度
	20～16点	15～11点	10～5点	4～0点

MMSE（30点満点）	軽度	中等度	高度
	23～20点	19～10点	9～0点

CDR（5段階）	（正常）	疑い	軽度	中等度	高度
	0	0.5	1	2	3

NMスケール		正常	境界	軽度	中等度	高度
	5項目を用いた場合	50～48点	47～43点	42～31点	30～17点	16～0点
	3項目を用いた場合	30～28点	27～25点	24～19点	18～10点	9～0点

4．軽度認知症への対応

◆一人でできないことを手助けする

　これまでどおりの暮らしを継続してもらうためには、家族はどのような手助けをしたらいいかを考える時期です。家族が昼間、仕事に行っている間は留守番をしたり、サービスを入れて一人暮らしをしている人もいます。

❶食事の用意

　日常生活動作は自分でできます。「食べること」には問題ありませんが、食事を用意するときに、一人ではできないことが出てきます。たとえば、食品を買いに行くと同じものを買ってしまう。冷蔵庫の中は同じカレールーの箱で一杯という母親は、食べ盛りの子どもを育てていた頃が輝いていた時代だったのでしょう。あるいは、お金の計算ができない。いつもお札で支払うので家には小銭の山ができています。IH調理器や高機能電子レンジの操作がわからないからと、石油ストーブの上で煮炊きをしていた例もあります。

食は命を左右しますので、三度三度の食事の用意と後片づけをどうしているかを本人に聞いてみるとともに、普段別居している場合は、泊まって一日の様子を目で見ると、手助けが必要かどうかがわかります。家族が食事の用意を手伝えないときは、食材や惣菜、お弁当の宅配サービスを家族が注文するようにしてもいいでしょう。
　介護保険のホームヘルプサービスが使えないか、ケアマネジャーに相談します。

❷スケジュールの管理

　忘れやすいことを本人が自覚しているので、失敗がないようにメモをとって、家のあちこちに貼りつけている家もあります。もっとも、そのメモを見るのを忘れてしまうことも多いようです。家族は、口頭での説明では、その瞬間は伝わっても記憶できていないかもしれないと考え、ホワイトボードやカレンダー、メモ用紙などを上手に使って、大事なことを伝えるといいでしょう。
　デイサービスや通院、用事のある日は、前日の夜と当日の朝や直前に電話をして知らせるようにすると安心してもらえます。

❸郵便物や書類の整理

　郵便物や書類は、要不要の判断がつかなくなって全部取っておこうとします。家族が片づけようとすると、「自分でするから大丈夫」「あとでするからそのままにしておいて」と言われます。「引き出しの中をぐちゃぐちゃにしておいたのに整理されているのはおかしい。息子が大切なものを盗ったに違いない」という言葉には、家族に整理されると余計にわからなくなるという訴えが込められています。「娘に監視されるのは耐えられない。もうこなくていいよ」と、全財産をバッグに入れて持ち歩き、親戚や近所の人にはそのバッグを見せるのに娘には絶対に見せない母親もいます。
　これらは、自分でなんとかしようという前向きな姿勢です。その努

力を労いながら、手伝えることはないかを聞きます。郵便物やレシートから、消費者トラブルに巻き込まれていること、通販で必要以上の買い物をしていることが発覚するケースもありますので、家族は、本人のために確認したいと伝えて一緒に整理し、必要な手続きがあったら処理しましょう。

❹金銭管理

　金銭管理に不安がある場合は、家族が通帳や印鑑などを預かったほうが安心ですが、本人にとっては、長年自分でしていたことを取り上げられるのは心外ですし、子どもが財産を狙っていると誤解して、拒まれるケースが少なくありません。「安全に保管するので預からせてください。私が勝手にお金をおろすことはしません。定期的に記帳して報告します」と、お願いしたら預けてもらえた例があります。

　キャッシュカードやクレジットカードは、紛失したり、不相応に高額な品物が購入できないように、預金額や限度額を一定額にしたカードを使ってもらいましょう。銀行の貸金庫を利用している場合は、今後どうするかを家族で話し合って対応します。家の金庫についても、同様です。

❺自動車の運転

　運転能力は個人差が大きく、軽度認知症でも普通に運転できる人はいますが、とっさの判断力や対応能力が衰え、道順が記憶できないなどの特徴がある認知症の人にとって、自動車の運転は危険なことであり、家族にとって悩みの種です。そこで、高齢ドライバーの運転には危険がともなうことや、増えてきた悲惨な交通事故を話題にして、晩節を汚してほしくないと話してみましょう。認知症だから、としないことがポイントです。

　このところ高齢者の免許証の自主返納が増えています。道に迷って家に帰れなくなった、事故寸前の大変怖い思いをした、などをきっか

けに、自ら運転をやめたケースもあるようです。運転免許証を警察署に自主返納すると発行される運転経歴証明書は、身分証明書になります。自治体によってはタクシー代が1割引になる、タクシー券がもらえる、地域で買い物をするときに補助があるなどの恩典を受けられます。

　75歳以上のドライバーは、免許証の更新の6ヵ月前から公安委員会（警察）や委託された自動車教習所で「認知機能検査」を受けることが義務づけられています。100点満点の検査で48点以下の人は「認知症の疑いがある」とされ、臨時の適性検査または認知症の有無を記した医師の診断書の提出が義務づけられています。そこで、認知症と診断されれば、免許停止の行政処分となります。認知症の診断までには至らず、軽度認知障害とされた場合でも、6ヵ月ごとに再検査を受けて診断書を住所地の公安委員会に届けなければなりません。ただ、多くの人はそこまで頑張らずに、周囲の説得に応じて運転免許を返納しています。

◆**軽度認知症の人のケアプラン例**

　軽度の段階では、ある程度の判断力や自分の状態についての自覚があるといわれます。これまでとは違うもの忘れがある、普通にできていたことがなぜできないのだろう、自分はおかしくなってしまったのか、と気づいている本人の不安感や孤独感、いら立ちや恐怖感を周りの人は理解して接することが大切です。

❶**デイサービス、デイケア**

　デイサービスあるいはデイケアは、大規模な介護保険施設や、小規模な託老所やグループホームなどが親を日中預かってくれるので、働く介護者にとってはぜひ利用したいサービスです。

　自宅の玄関まで職員が迎えにきて、送迎車に乗せて連れて行ってくれます。認知症の場合、家族の見送りを条件にしているところがあ

り、家族の出勤時間の関係で見送りができないときは、ホームヘルパーに依頼したいとケアマネジャーに相談します。独居や日中独居になる高齢者の場合は、迎えにきた職員が家の鍵を開けて入り、電灯やテレビ、エアコンのスイッチを切り、カーテンを閉め、戸締まりをしてから連れて行ってもらえるよう依頼できる場合もあります。家の鍵は、キーボックスを利用して共有する例が増えています。

　夕方、送ってきてもらうときも、家族による出迎えが条件であれば、介護休業制度の時短勤務を利用して対応したりします。ホームヘルパーに出迎えを依頼する例もあります。デイサービスの時間を延長してもらったり、送る順番を最後に回してもらったりすることが可能かなど、働く介護者の時間制約について率直に相談しましょう。入浴付きであれば、自宅のお風呂に入らなくていいので、家族は楽になります（図表3-11参照）。

　デイサービスを利用するメリットとしては、
- 一日の生活にリズムができて昼夜逆転を防ぐことができる
- 家族以外の人とのコミュニケーションが脳によい刺激になって認知症の進行を防ぐことができる
- 体を動かすことで新陳代謝が活発になり体調が整う

また、家族にとってのメリットとして、
- 昼食やおやつ、入浴サービスが提供されるので、家族の介護負担が減る
- 日中独居の不安が解消される
- デイサービスに行っている間は介護者が自分のために時間を使うことができる

などがあげられますが、家族はデイサービスを利用してほしいと思っても、本人が行きたがらないことはよくあります。初めから喜んで行く人のほうがめずらしいと思ったほうがいいでしょう。なぜ行きたく

図表3-11　ケアプラン例（軽度認知症）

	月	火	水	木	金	土	日
6時							
8時		訪介A		訪介A			
10時							
12時	配食	通介	配食	通介	配食		
14時							
16時	訪介B		訪介B		訪介B		
18時							

ないのか、家族はあれこれ想像して「やっぱり無理だ」と結論づけてしまいがちですが、まずは本人に理由を聞いてみてはどうでしょうか。

・「知らない人に気を使いたくない」のであれば、「最初は知らない人ばかりでしょうが、職員さんが気を配ってくれます。慣れてくれば、みなさんと昔の話をしたり、気の合うお仲間ができたりして楽しいそうですよ」

・「のんびりできない」のであれば、「自分のペースで過ごせるようにお願いしましょう」

・「チイチイパッパなんかやっていられない」のであれば、「したくないことはしなくても大丈夫ですよ。身体や脳細胞を活性化するためには、歌や運動の効果が実証されています。一人だとなかなかできないので、いいチャンスかもしれません」

など、行きたくないよね、私もそうだと思う、でも…と本人にとってのメリットを話してみましょう。

　行きたくない理由がわかったら、改善をはかってもらえるように要望することも大事です。スタッフが気に入らないなら担当を変えてもらう、「あの人と一緒では嫌」「おばあさんばっかりでつまらない」という場合は、他の曜日にしてもらうことで解決できるかもしれません。ケアマネジャーに希望に合うところを探してもらったら、行くよ

3●実践 認知症介護　107

うになったという例もあります。諦めないで探しましょう。

　家族から離れて認知症の専門家や同世代の仲間と過ごすことで、本来の姿を見せてくれることもあります。家では歌を歌ったことがないのに、デイサービスでは大きな声でいきいきと歌っている人、家ではしかめ面をしているのに、デイサービスではワーカーさんに「お茶目なんだから」と言われてうれしそうな笑顔を見せる人、字が上手と褒められて、習字のある日は張り切って行く人など、一人の人間として認めてもらえる場になっています。家族以外の人とコミュニケーションをとる絶好の機会でもあります。

❷ホームヘルプサービス

　本人が自分でできなくなったこと、仕事を持つ家族にはできないことは、ホームヘルパーにしてもらいます。介護保険サービスでは、依頼できる内容や時間には制限があり、認知症の人を長時間見守ってもらうような使い方はできません。一日の生活を想定して、この時間にこの支援があったら安心できるというサービスをケアマネジャーとよく相談して利用します。

　たとえば、朝と夕方にホームヘルプサービスを頼み、朝のヘルパーには、朝食を済ませて薬の服用を見守ってもらうのがメインで、デイサービスの送り出しのヘルプをしてもらう、夕方は夕食づくりと食事の見守りをお願いする、などです。

❸配食サービス

　配食サービスは、介護保険外サービスです。栄養バランスのとれた食事を、配達員が自宅の玄関まで配達してくれます。弁当箱に入ったものもあれば、ご飯茶碗や汁椀、お皿や小鉢に盛られた食事が専用の保温ボックスに入って届けられるものもあります。予約注文制で、要介護者や高齢者のみの世帯、高齢者の一人暮らしの場合、自治体から補助金が出ることもあります。手渡しを原則とするのは、本人の安否

確認を兼ねているためで、配達員からの通報で室内で倒れていたところを発見された高齢者はあとを絶ちません。

5．中等度認知症

◆見守りや声かけ、介助

　食事、排泄、入浴などの日常生活動作が一人ではむずかしくなるので、一日の生活の要所要所で見守りや声かけ、介助が必要になってきます。

　家事の手順がわからなくなり、時間や場所があやふやになるのもこの頃です。

❶道に迷う

　道に迷っていても、どんどん歩いて行きます。いつもの道だとわからずに新しい道だと思っていることもあります。自分が認識できなくなっていることを認識できない状態なので、来た道を戻ろうとか、人に道を聞こうという解決策は思い浮かばないようです。歩いても歩いても見知った場所にたどり着けなくて隣の県まで行ってしまったという話を聞くと、さぞ不安だったろうと思いますが、その不安を忘れられるから、また出かけることができるのでしょう。

❷身体感覚の衰え

　この時期は身体感覚の衰えも目立ってきます。たとえば、冬に薄い木綿のシャツ一枚でいたり、夏なのに何枚も重ね着したりするのは、気温を感じる脳の中枢に問題が生じているからかもしれません。特に、夏は熱中症にかかりやすくなるので、周りからの注意が必要です。TPOに合わせて服を選ぶ能力が衰えると、葬儀に色鮮やかな服を着て出席するようなことも起こります。周りの人は事情を理解し

て、さりげなく「この服にしたらいいよ」と勧めましょう。あきれたように指摘されたらプライドが傷つき、「これでいい」と着替えを拒まれてしまうかもしれません。

❸嗅覚の衰え

お風呂に入らなくなって困るという相談が多いのもこの時期です。

アルツハイマー型認知症では早期から嗅覚が衰えやすく、自分の体臭や衣服の汚れ臭を感じないので、入浴の必要性を感じないのかもしれません。親にどんな言葉をかけたら入浴してもらえるかに知恵を絞りましょう。たとえば、大工の棟梁だった人には「明日は建て前ですよ」、校長先生には「明日は卒業式ですよ」の声かけが効いた例や、親の服をわざと濡らして、「あらぁ、着替えなくちゃ。ついでにお風呂に入りましょう」で成功した例もあります。

仕事から帰宅してから、親にお風呂に入ってもらうのは大変です。自宅での入浴は諦め、デイサービス先で入浴させてもらえば、家族は楽になります。別居の場合は、お風呂掃除をしなくていいので一石二鳥です。

また、嗅覚が衰えると腐った食べ物を食べてしまうことがあるので、周りの人がチェックして処分することも必要です。

❹トイレの失敗

トイレの失敗は、本人にとっても家族にとっても大変ショックなことです。排泄パターンに合わせて2～3時間おきにトイレに誘導する方法もありますが、トイレを管理されることには抵抗感がある人も多いので、「食事の前にトイレに行っておきましょう」「散歩に行くからトイレを済ませておきましょう」「テレビドラマが始まるから…」「寝る前に…」というように、行動に合わせてトイレに誘うといいようです。

筆者は、ファミリーレストランで昼食を済ませたグループホームの

入所者に、店を出る前にトイレ誘導をしたところ、「みんなが行くから私も行くとは限らないでしょ」と言われ、本質をついていると反省したことがあります。トイレの場所がわからなくて失禁してしまうのであれば、トイレだとはっきりわかるように表示する。間に合わなくて失敗するときは、紙パンツをはいてもらってもいいでしょう。紙パンツを用いることで、トイレの不安から外出させるのをためらっていた家族が、安心して連れ出せるようになったとも聞きます。

紙おむつではなく「安心パンツ」、冬は暖かいので「あったかパンツ」と勧めるといいようです。紙パンツははかないと言い張る父親に、なぜ嫌なのかと聞いたら、「社会の窓がない」と答えたという話もあります。ところで、紙パンツを洗濯機で洗うと大変なことになります。洗えないことをよく説明して、処理の方法を伝えましょう。

◆さまざまなタイプの人がいる

高齢になると人柄や性格が丸くなる人もいますが、「性格が煮詰まる」ように、わがままになる人もいます。認知症を患うと、理性で抑えていたことがストレートに出てしまい、我慢をすることができなくなってきます。これが、介護者にとってむずかしいところです。穏やかでBPSDがない人であれば、これまでどおりの在宅介護を継続することが可能かもしれません。同居家族が仕事に行く時間帯はデイサービスに通ったり、ヘルパーサービスを頻回に入れたりして、一人になる時間が少なくなるようなケアプランを立てます。ケアマネジャーを中心に、在宅診療に力を入れている医師や訪問看護師がケアチームをつくって、認知症の人を見守る体制ができている地域であれば、一人暮らしが可能な場合もあります。

◆BPSDへの対応

BPSDが出やすい時期で、強く出たときに家族だけで対応しようとすると、仕事を休まなければなりません。頑張って介護しても改善す

るとは限りませんので、認知症介護のノウハウを持っている専門家に助けを求めましょう。

　BPSDに対しては、入院治療や老健（介護老人保健施設）でのリハビリを短期間して、状態が安定したらまた自宅に戻るという方法もありますので、ケアマネジャーや医師に相談しましょう。頻繁に入退院を繰り返したり、施設と自宅を行ったり来たりというのは、本人にも家族にも大変不安定な状況です。介護に専念できる家族や協力してくれる家族が近くにいればいいのですが、他に介護者がいなくて仕事もしている場合は、時間の制約が大きくて仕事に支障をきたすようになってきます。プロに介護をしてもらう時期がきたと考えて、施設を探す目的で介護休業をとってもよいでしょう。

　ところで、介護保険の要介護2と要介護3の間で、ホームヘルプサービスの内容が入れ替わります（逆転する）。要介護1と2では、掃除、洗濯、調理（買い物も含む）などの家事を支援してもらう「生活援助」サービスの利用が多く、高齢者の身体に直接触れる身体介護の利用は少なくなっています。まさに軽度認知症のときはヘルパーに家事を支援してもらえば、食事や排泄は自分でできるので自宅で暮らせることを示しています。要介護3になると、これまで独居や老々介護で家事支援を受けながら暮らしていた人たちは、子どもと同居して子どもに家事をしてもらい、ヘルパーに身体介護をしてもらうようになるか、施設に入所するかでしょう。特別養護老人ホームに入所できるのは要介護3からという根拠の一つと考えられます。

◆中等度認知症ケアプラン例
　❶デイサービス、ホームヘルプサービス
　認知症対応型デイサービスは1日の利用者が最大12名までと少人数なため、職員は信頼関係を築きやすく、その人に合った介護を提供できるメリットがあります。職員はたくさんの認知症の人を介護した経

験があり、介護のノウハウを持っていますから、自宅で介護するときに役立つ情報を教えてもらうと助かります。そのためにも、家族が本人について知っていることを情報提供してお互いに支え合える関係になりましょう。

　一例として、家族が仕事に出かけたあと、留守番をするのがむずかしくなったため、認知症対応型デイサービスを月曜日から金曜日まで利用するプランを紹介します。この例では、デイサービスへの送り出しを家族がするという条件がついていたため、ヘルパーサービスと組み合わせて利用しています。マンションの入り口がオートロックになっていて管理人がいないので、ヘルパーやデイサービスの職員は入館ができません。そこで、家族が家にいるときにヘルパーにきてもらい、デイサービスの迎えの車が立ち寄れるマンションのエントランスまで本人を連れて行ってもらいます。玄関の鍵はヘルパーがかけて、鍵は本人のカバンにしまっているそうです。

　毎日デイサービスに行くのは本人も疲れると思いますが、家で留守番をしてもらうよりは安心です。

　❷訪問看護サービス

　図表3-12は、訪問看護ステーションから月に2度、看護師にきてもらうプランです。訪問看護師は血圧測定など身体状況と服薬のチェッ

図表3-12　ケアプラン例（中等度認知症）

	月	火	水	木	金	土	日
6時							
8時	訪介	訪介	訪介	訪介	訪介		
10時						訪看	
12時							
14時	通介	通介	通介	通介	通介		
16時							
18時							

ク、医療職として排泄や食事や認知症介護への助言をしてくれます。本人と家族の心理状態を客観的に把握し、特に認知症のBPSDとどう向き合ったらいいかを一緒に考えてもらえるので心強いです。仕事と介護の両立を応援してもらえると日頃のストレスが軽くなります。

　また、これから予想される症状を見越して、医師への受診や入院治療、施設入所などについて、専門家として助言をしてもらえると、家族は介護方法を見直すきっかけになります。

❸小規模多機能型居宅介護サービス

　「通い：デイサービス」「訪問：ホームヘルプサービス」「泊まり：ショートステイ」を同じ事業所が定額料金で提供します。地域のなかで、利用者が自宅と施設を行ったり来たり泊まったりを繰り返しながら暮らすイメージです。定員が29名以下のため、職員は利用者一人ひとりの人となりや家庭環境を知って介護できます。利用者同士も仲良くなり、認知症介護にふさわしい馴染みの関係が築けます。

　この事業は、24時間365日、利用者を支援するために休業日はありません。「通い」は１日18名以下、「泊まり」は１日９名以下という定員制ですが、定員内であれば、介護者が急に残業が入ったときや体調を崩した際に、「通い」から「泊まり」に移ることが可能です。家族の出勤時間が早い場合、家族が施設まで送って行けば朝食を食べさせてもらってからデイサービスを受けられるところもあります。各サービスの内容が細かく定められていないので、緊急時に臨機応変に対応してもらえる強みがあります。

　要介護３では月額料金が約22万円。利用者は１～３割の自己負担分と、食費やおむつ代、ショートステイの場合は宿泊費（１泊1000～5000円程度）がかかります。訪問サービスは、家にいる利用者の安否確認と体調管理に加え、身体介護と生活援助サービスをしてくれます。

　このサービスを利用し始めると、これまでのケアマネジャーから施

設に所属するケアマネジャーに変更になります。

6．高度認知症

◆日常生活全般のサポート

　認知症が進行し、この時期は、食事・排泄をはじめ、日常生活全般にサポートが必要になります。

❶転倒

　全身的に動きが鈍くなります。転倒して骨折すると、それをきっかけに寝たきりになってしまうことが多いので、特に筋力低下による転倒に注意が必要です。ほんの少しの段差や、床にあるコードや書類につまずくこともあるので、移動時の動線に気を配りましょう。

❷人のことを認識できない

　たとえば、「父は、息子のことは忘れてしまったのに、イエスタデイを英語で歌える」「母は医師に、付き添ってきた人はだれかを聞かれても答えられなかったのに、病院の花壇を見て、バラはきれいねと言った。ほとんどしゃべらなくなっていたので驚いた」というように、人のことを認識できなくなってくる時期ですが、すべての記憶を失ったわけではありません。会話も少なくなりますが、見聞したことをきっかけに、ふと言葉を思い出すこともあります。一瞬でもいきいきした表情を見せてくれると周りの人もうれしくなります。

❸コミュニケーションがとれない

　室内で過ごす時間が大半になってくるので、安全は確保できるかもしれませんが、周りの人とコミュニケーションがとれなくなってきます。「徘徊や激しい暴力がなくなり、介護は楽になった。でも、口げんかができなくなって寂しい」など、家族にはつらい時期です。

❹体調や状態の変化を伝えられない

　本人が自分の体調や要望を家族に伝えられなくなると、本人の状態の変化を見逃したり、認知症が進んだせいだと決めつけてしまうことがあります。元気がないと思っていたら脱水状態だった、落ち着きなくうろうろするのは便秘のせいだったなどです。認知症介護でも、水分、栄養、排便、運動、睡眠の管理が基本です。

　また、返事をしないのは耳が聞こえていないから、テレビを見なくなったのは目が見えなくなっていたから、食事を拒否するのは実は胃癌だった、なども聞かれます。目、耳、歯、けがのほか、他の病気は大丈夫かと家族が気をつけて、適切な医療につなげることも必要です。家族にはわからないこともあるので、訪問診療や訪問看護サービスを定期的に利用するのも有効です。口腔ケアのために訪問歯科もお勧めします。

❺ケアチームでの役割分担

　仕事と介護の両立では、24時間の介護を、ケアチームでどのように分担できるかがカギになります。施設でも、常時介護職員が隣にいるわけではありません。個室であれば、一人きりの時間も相当あります。それは自宅でも同じなので、仕事に行っている家族に代わって、ヘルパー、看護師、親族、友人知人、近所の人などがときどき顔を出せる体制がとれれば、自宅で暮らすことも可能です。

　しかし、認知症の場合、異変が起きたときに本人がケアチームに知らせることが困難なため、長時間自宅に一人にしておくのは心配です。自費を含めて24時間体制で介護サービスを利用するか、介護に専念できる同居家族がいるか、複数の家族が交代で介護に通うかのいずれかでなければ、在宅介護はむずかしいと考えるのが一般的です。

　介護休業を取得して付き添うといっても、この状態が何年続くかはわかりません。子ども、子どもの配偶者、孫など家族が複数いる要介

護者の場合、家族それぞれが最大限の介護休業を取得すれば、法定の93日×家族の人数になるので何年も介護が可能で、看取りまでできると話す行政の福祉担当者もいましたが、これを実践した例は聞いたことがありません。

❻経管栄養の是非、看取り

　口から食べられなくなったときに経管栄養にするかが、認知症介護では問題になります。本人の意思を聞いてあるからそれに従うのか、家族や医療・介護の専門家の考えはどうかなど、話し合いが必要です。認知症の最終段階では、人工的に水分や栄養を補給しないほうが、苦痛が少ないという報告もあり、本人にとっての穏やかな最期について真剣に考える時期です。

　そして看取りの時期を迎えます。認知症を抱えながら自然な死（老衰）を迎える人もいれば、誤嚥性肺炎や感染症、心不全、脳卒中、癌など、他の病気で亡くなる人もいます。2017年に日本人が最期を迎えた場所は、自宅13.2％、病院と診療所が74.8％、老健（介護老人保健施設）が2.5％、老人ホームが7.5％、その他2.1％となっています。

　その場所が病院、施設、あるいは自宅であっても、働いていると、親の臨終に立ち会えない人のほうが多いのではないでしょうか。親の死は、死の瞬間という点ではなく、それまでの時間の流れを線としてとらえるといいと思います。自分のライフコースのなかで認知症の親の介護に向き合ってきた時間の果てに、死という点が訪れるのです。

◆高度認知症の定期巡回・随時対応型訪問介護看護（ケアプラン例）

　母親と一緒に認知症の父親を在宅で介護し、定期巡回・随時対応型訪問介護看護を利用している例です。

　このサービスは1ヵ月の定額制で、日中・夜間を通じて、訪問介護と訪問看護が密に連携しながら短時間の定期巡回訪問を行ないます。母親は腰痛があるために父親の介護がむずかしくなり、入浴とトイレ

の介助、寝がえりの介助をヘルパーにしてもらっています。それ以外に困ったことが起きるとオペレーターに電話をして、スタッフに対応してもらいます。
　子どもは、日中は仕事で忙しく、夜間は父親のトイレ介助のために眠れない日が続き、疲労が蓄積していました。このサービスを利用するようになって、夜間にヘルパーがトイレ介助をしてくれるので、子どもの負担が軽くなり、このまま父親を自宅で看取ることができればいいと母親と話しているとのことです。
　訪問看護を受けていると、看護師は看取りへの心構えを話し、家族の心のケアもしてくれます。

7．高齢者施設と病院

◆施設選びは学校選びと似ている

　一人暮らしが不安になったり在宅介護がむずかしくなったら、ケアマネジャー、かかりつけ医、訪問看護師などに相談して、施設入所を検討します。ケアマネジャーに地域の介護保険施設の情報を教えてもらうか、インターネットの有料老人ホーム紹介サイトで探す方法もあります。突然、介護できない状況になって慌てて施設を探すと、ベッドが空いていればどこでもいいということになりがちです。入所後に「こんなところに入れてしまった」と家族が後悔することにならないよう、そして希望に合った施設に出会える確率を高めるためにも、早めに調べておくといいでしょう。
　公立にするか私立にするかを含め、理想よりも現実に入れるところを探したほうがいい、というのが一般的な助言です。介護費用や要介護度はどうか、気に入った施設のベッドが空くまで何年でも待つか、

空いているところで妥協するか。施設長の認知症ケアへの理想は高くても、担当職員の認知症への理解やケアの技量がともなっていないと、居心地のよい施設とはいえません。施設の入所者や職員と仲良く穏やかに暮らせるかも、心配です。そう考えると、施設選びは学校選びと似ていると思います。

　費用、立地、サービス内容などの条件を調べて、ここならと思えるところを予約して見学します。可能であれば、昼食の様子やリハビリを見せてもらうといいでしょう。パンフレットやホームページではわからない入所者や職員の様子、全体の雰囲気を見て聞いて感じとります。食事がおいしいかが決め手になることもありますので、試食をさせてもらえないか聞いてみましょう。挨拶や会話、入所者の身だしなみや笑顔、気持ちのよい空間になっているかなどで、介護サービスの質がわかります。

◆良い施設を見極める

　良い施設は笑顔と会話が多いそうです。口から食べることを大事にしている、おむつを使わない、出入り口に施錠をしない、地域の子どもたちと交流がある、精神科病院と連携をとって薬剤管理をしている、看取りに力を入れているなど、特徴を教えてもらいましょう。仕事帰りに立ち寄るなら面会時間を、頻回に面会したいなら最寄駅からの交通手段やタクシー料金も決め手の一つです。地震や水害時の安全性も確認ポイントです。3ヵ所程度を見学すると、大体の感じがつかめてきます。遠距離介護の場合、同窓会で介護の話をすると、親が入所している施設が話題になることがありますが、口コミ情報は何よりも貴重です。

　ちなみに、「認知症の人が自分から選択して施設に入ることはまずない」とあるグループホームのホーム長から聞きました。家族の希望を受け入れて、しぶしぶ、嫌々、わからないうちに、入所しているの

が現状です。家族の方からは、「ごめんなさい。施設に入れてしまって。でも、私は安心して自分の仕事や暮らしができるようになりました。施設に入ってくれてありがとう、と伝えています」「施設に面会に行くと、家で介護していたときよりもゆとりがあるので、親の顔を見て話ができるようになりました」「あんなに嫌がっていたのに、半年後にはすっかり施設に慣れて、自宅に外泊したくないというので驚きました」などという話が聞かれます。

　自宅や施設での介護が困難になったときには、病院に入院して、医療のお世話になることもあります。自宅時々老健（介護老人保健施設）、自宅時々病院、特養（特別養護老人ホーム）時々病院など、認知症の症状に合わせて移動することになります。そして、「できるだけ家で看て最後は施設にお願いする」場合、「できるだけ」の程度が、本人とケアチーム一人ひとりで違うことがあるので、本人の希望や家族の希望、専門家の見解をすり合わせておきます。

　仕事と介護を両立するための「できるだけ」がいつまで、どこまでなのか、自分なりの目途を考えておくと、施設入所の決断がスムーズにできます。

◆介護保険施設や有料老人ホーム、病院の概要
❶特別養護老人ホーム（特養）
　原則、要介護3以上で申し込みができます。認知症の人の終の棲家として高い人気があります。地方自治体と社会福祉法人のみ設置が許されているため、公益性の観点から費用は比較的安価ですが、同じ市区町村の人に限定しているところもあります。介護の必要性や介護者の状況、住宅の状況などを点数化して、優先度の高い人から入所するシステムになっているため、要介護4か5で、同居の介護者がいない、介護者が病気か高齢、のケースでなければ、なかなか入れません。親を子どもが引き取って同居すると優先順位が下がります。

❷介護老人保健施設（老健）

　退院後すぐに自宅で暮らすのが困難な場合に、一定期間入所して在宅復帰に向けたリハビリを受ける施設です。在宅復帰強化型は原則3ヵ月で退所をめざしますが、従来型はその限りではなく、看取りまで行なう老健も増えています。

　医療系施設なので、入所者の持病を含めた健康管理を担っており、医療費も老健が負担します。そのため、医療費がかさむ人は入所を拒まれたり、抗認知症薬を制限される場合があります。医療保険と介護保険の同時利用はできないため、入院治療が必要になると退所することになります。

　要介護1から入所可能で、特養のような優先順位はありません。一定期間を経ると退所する人がいるので、介護保険施設のなかでは入りやすい部類に入ります。さらに、都道府県をまたいで広域で探したり、個室を希望すると比較的入りやすいようです。病院から直接入所する場合は、入院中に介護保険の申請をします。

❸介護療養型医療施設（療養病床）

　急性期治療は必要ないものの、継続的な医療管理が必要な人が対象です。ベッドの上が生活の場となります。2023年度末の廃止に向けて、介護医療院への移行が検討されています。

❹認知症グループホーム

　認知症の人の第二の家といえるところです。要支援2〜要介護5の認知症の高齢者を対象としています。1ユニット（ユニットは生活単位を表わす）5〜9名で、一つの施設に2ユニットまで認められています。ホーム職員の介護支援を受けながら共同生活を送っています。

　生活リハビリに力を入れており、女性の入居者が多くなっています。以前は、車椅子は他の入居者に危険なので杖を使っても自立歩行を入居条件にしていたホームも、いまでは看取りまで行なうなど、受

け入れ態勢に変化が見られます。地域密着型サービスのため、同じ市区町村に住民票のある人しか入れません。住民票を移した場合、転入から施設受け入れまで、最低何年という期間を設けている市区町村もありますので、個別に問い合わせてください。要支援2から入れるので、早めに施設を考えている場合はここが適しています。

❺介護付き有料老人ホーム

介護保険の特定施設の指定を受けて、ホーム職員が介護保険サービスを提供します。入居一時金が必要なところが多く、入居一時金の償却方法とクーリングオフ（契約日から90日以内に契約解除した場合、一時金は全額返還される）の確認が必要です。ホーム全体の利用権を買う方式が多く、介護の必要度に応じて居室を移動させられることがあります。新たに開園するホームも多く、すぐに入居させたい場合の選択肢になります。

❻サービス付き高齢者向け住宅（サ高住、サ付き住宅）

安否確認と生活相談サービスが必須の、バリアフリー構造の賃貸住宅です。食事の提供や居住者コミュニティの形成を支援しているところが多くなっています。外出や外泊の自由度が高く、家族が介護することも可能です。特定施設の指定を受けて職員が介護サービスを提供するところや定期巡回・随時対応型訪問介護看護サービスを利用して介護施設並みのケアを受けられるところもあります。

「自宅ではない在宅」といわれ、自宅で一人暮らしは心配なものの、施設はちょっと、という人や、地方から軽度認知症の親を呼び寄せるのに適した住宅です。

❼一般病院

認知症を抱えている人が、身体の病気の治療のために入院する病院です。本人が、入院して手術や治療を受けていることを理解できないと、点滴を抜いたり、「家に帰る」と徘徊するなど、病院が対応に困

ることがあるため、差額ベッド代がかかる個室なら受け入れるとか、付き添いの人（家族が付き添うのが原則）を頼めるならという条件がつくこともあります。入院すると、食事介助の手間をかけられないので、胃ろうをつけられたり、おむつ対応になることがあります。本人に意思能力がないと、手術の判断を家族に任されることがあります。

退院後に施設に戻る（入る）場合は、経管栄養の人や医療的処置の多い人は断わる施設があるので、施設の受け入れ条件を考えて治療法を選択することも必要となります。大きい病院には医療相談室があり、医療ソーシャルワーカー（MSW）が退院、転院、医療費、在宅療養、介護保険などについて相談に乗ってくれますので、家族が予約をして相談するとよいでしょう。

❽精神科病院、認知症病棟のある病院

認知症の中核症状やBPSDのために、自宅や施設で介護を受けることが困難になった人が、短期間集中的に治療するために入院する病院で、BPSDに対して薬物療法が多く用いられています。精神科病院の場合、転倒・転落の防止のためにベッドや車椅子に安全ベルトもしくは紐で縛ったり、病室から出ないように施錠したりして、安全を優先している病院が多いようです。けがをするリスクがあることを家族に説明したうえで、拘束をしないという同意書にサインをもらい、極力、身体拘束をしない処置をしている病院もあります。

「見る、話す、触れる、立つ」の4つを柱とするケアの技法（ユマニチュード）を専門スタッフが実践して、認知症の人の気持ちを落ち着かせ、笑顔や意欲を取り戻す努力をしていたり、散歩、体操、コーラス、回想法、机上作業などのプログラムの実施と薬剤の調整を行ない、症状の改善に取り組んでいる病院もあります。入院治療をどの病院で受けるかで、本人と家族の満足度が異なるのが現状です。

◆**精神科病院への入院**

　「施設で他の入所者に迷惑がかかる、あるいはけがをさせるおそれがあるので退所するように言われたが、自宅には戻せない」「家族が共倒れになってしまいそう」など、精神科病院への入院には重い理由がありますが、入院させてしまった罪悪感に苦しんでいる家族もいます。そんな家族の方には、「ケアの力では改善できない急性期症状もあります。医療に頼るのも一つの方法です」と伝えたいと思います。お腹が痛くて七転八倒している親を病院に入院させたと非難される子どもはいません。認知症でも同じことがいえるのではないでしょうか。

　介護に疲れたときは、認知症を専門にしている医師や看護師や病院のスタッフに任せてみましょう。入院して本人の状態が落ち着いたら、また元の家や施設に戻ることが期待できます。介護から離れてぐっすり眠ることができれば、仕事や介護に向き合う気力がわいてくるでしょう。

　ところで、精神科病院を最後の砦として、長期入院している認知症の人が増えているとの報道がありました。厚生労働省が2019年3月に発行した「患者調査の概況」を調べると、2017年10月に認知症で病院に入院している人は7.7万人でした。内閣府の「高齢社会白書」に2016年の認知症グループホームの定員数が19.3万人とあったので、確かに入院している人が多い印象を受けます。特養から精神科病院に移るよう指示されて長期入院している人もいて、最期を病院で迎える人のなかに含まれています。

8．認知症は不思議な病気

　あるイベントで司会者が「認知症になりたくない人はYesのカード

を上げてください」と呼びかけたところ、会場はYesで埋め尽くされました。そのとき、認知症と診断されている参加者は、どのような思いで会場を見渡しているかと、気になって仕方がありませんでした。確かになりたくて認知症になった人はいないと思います。しかし、たくさんの人から話を聞くと、認知症に対する思いもさまざまであることがわかります。認知症は不思議な病気というのが筆者の実感です。

「妻が認知症と診断されたときは、人生が終わったと思った。でも、落ち着いて考えてみたら認知症でよかったと思う」と話してくれた人がいます。理由は、「危険な手術や痛い治療を受けなくていいし、すぐに死ぬわけではない。これからも一緒に生きていけるから」。このように受けとめる人もいます。

「しつけに厳しくて、いつもきりっとしていた母が、認知症になってからだらしなくなった。いつも忙しく動き回っていたのに、いまはゴロゴロしている。いまの母を見ると、なんだかホッとする」と言った人は、父親や姑との関係で苦労してきた母親が、やっとしがらみから解放されて、楽になれたんだなと思ったそうです。

「施設の人に、お母さんはかわいい人ですね、と言われて本当に驚いた。実際、母は施設ではよく笑っている。自分たちには見せたことのない笑顔だ。認知症になるのは悪いことではないかもしれない」という息子さんは、本来は明るい性格だったのかもしれないと母親を見直しているそうです。

「母とは幼い頃から"きつい関係"で、お互いに触れ合うこともなかった。認知症の母を引き取ることになって、毎日けんかが絶えなかったが、その峠を越えた頃、やっと親子で向き合えるようになった気がする」と語った娘さんは、一人の人間として母を見られるようになったのは、母親が認知症になってからだと言います。

「真夏のある日、仕事で疲れて帰ってくると、家中の窓が閉まって

いてエアコンもつけていなかった。熱中症になるだろ、と父を大声で怒鳴ってしまった。おびえた父の姿が悲しくて眠れなかったが、翌朝、父はすっかり忘れて朝ご飯を食べている。忘れてくれてよかった」。けんかをしたり言い過ぎたと思ったりしても、忘れてくれるから助かるそうです。しかし、忘れてほしいことに限っていつまでも覚えていることもあると笑っていました。

　「認知症になった私が伝えたいこと」著者の佐藤雅彦さんは「認知症になっても、不便ではあるけれど、不幸ではありません」というメッセージを発信しています。

　いずれも、認知症をその人なりに受け入れられるようになって見方が変わったのではないでしょうか。「がん末期の疼痛でモルヒネが必要な状態になっても、認知症の人には投与しなくても大丈夫なケースが多い。死への不安からも解放されているとしたら、高齢期に認知症になるのは、"神様の取り計らい"ではないか」と言った医師がいます。

　認知症は過去のつらい経験や老い、死への不安、肉体の痛みから解放してくれる側面もあるようです。また、認知症になってもユーモアのセンスは失われず、ユーモアのある介護には思いやりや温かさがあります。認知症を抱えていても、毎日の暮らしで「良かった探し」ができるようになると、本人も家族も笑顔になれると思います。

4 公的支援の仕組みと介護休業法

認知症の人の権利を守る制度を把握しておきましょう。

1．認知症の人と家族を守る

◆成年後見制度

　認知症や精神障害などによって判断能力が不十分になると、財産を管理したり、サービス利用や施設入所に関する契約を結んだり、遺産分割協議などをすることがむずかしくなる場合があります。悪徳商法の被害に遭うおそれもあります。このような人の権利を保護して支援するのが、成年後見制度です。すでに判断能力が低下している人を対象とする法定後見制度と、まだ判断能力がある人が事前に自ら後見人を選任する任意後見制度の2つがあります。

❶法定後見制度の概要

　法定後見制度とは、家庭裁判所が決めた成年後見人等（補助人、補佐人、後見人）が、本人の判断能力の程度によって、本人を代理して契約などの法律行為をしたり、本人が自分で法律行為をするときに同意を与えたり、本人が同意を得ずにした不利益な法律行為を取り消したりするものです。身上監護といって、本人の住居の確保、施設の入所・退所・移転に関する手続き、医療（治療）や病院への入院の手続きなどをすることはありますが、あくまでも「法律行為」を行なうことが成年後見人の業務なので、生活の面倒をみたり身体介護をしなけ

ればならないということはありません。法定後見を始めるには、配偶者、4親等内の親族、市区町村長、検察官等が家庭裁判所に申し立てをします。その際、認知症に関する医師の診断書を必要とします。

　実際に家庭裁判所に申し立てるケースとしては、認知症の人の預貯金を家族が解約しようとしたら金融機関に拒否された、身寄りのない認知症の人の介護保険施設への入所手続きができない、認知症の人の土地・家屋を家族が処分しようとしたら不動産業者から後見人が必要と言われた、などですが、子どもが親の成年後見人になろうと申し立てても、裁判所は専門職（弁護士や司法書士など）を選任することがあります。成年後見人等に選任された人については、不服申し立てができません。専門職が後見人に選ばれた場合、裁判所が報酬額（2万〜6万円程度／月）を決め、報酬は本人の財産から支払われます。制度の利用をやめたいと思っても、申し立てを取り下げるには、家庭裁判所の許可が必要になります。つまり、回復し、判断能力を取り戻すか、本人が亡くなるまで、専門職後見人に報酬を支払い続けることになります。

　成年後見人は、まず財産目録を作成し、年間の収支予定を立てなければなりません。子どもが成年後見人に選ばれても、親の財産を調査したうえで財産目録をつくったり、年間の収支計画をつくったり、金融機関や各官庁への届け出、家庭裁判所への定期的報告などの職務が課せられます。子どもがこれらの職務をやり遂げることに不安があると裁判所が判断したり、本人の保有資産が一定額（東京家庭裁判所では1000万円）以上あると、成年後見監督人が選定されます。監督人の報酬（1万〜3万円程度／月）も裁判所が決め、親が亡くなるまで払い続けます。

　このようなことを理解したうえで、法定後見制度を利用する必要があるかどうかを検討しましょう。

❷任意後見制度の概要

　任意後見制度は、判断能力が不十分な状態になるかもしれない将来に備えて、判断能力のあるうちに、成年後見人を選び、後見人が行なうべきサービス（財産管理、身上監護の内容、代理権の範囲）および報酬の額などを決めて、公正証書で契約を結んでおく制度です。親の不動産を売却する権限についての代理権を含めることもできます。信頼できる、できれば20歳程度の年の差がある人がよいでしょう。

　認知症になって判断能力が低下したら、本人、配偶者、4親等以内の親族、任意後見受任者から、家庭裁判所に任意後見監督人選任の申し立てをします。家庭裁判所が任意後見監督人を選任したときから、任意後見契約の効力が生じます。成年後見人は任意後見監督人に3～4ヵ月に一度、定期報告をする事務負担があり、任意後見監督人には家庭裁判所が決めた報酬額を支払います。

　弁護士を任意後見受任者に選んだ場合、任意後見がスタートするまでは報酬は発生しません。後見が開始される前、親の判断能力について見守ってもらう目的で弁護士とホームローヤー契約を結ぶこともあります。親が亡くなるまで、長くおつき合いができる人を選びましょう。また、開始前ならいつでも、本人または任意後見受任者は公証人の認証を受けた書面によって、任意後見契約を解除することができます。

◆家族信託

　本人の判断能力が低下する前に、信頼できる家族と信託契約を結び、財産の管理や運用、処分をしてもらう方法です。家族を信じて託すので、家族信託と呼びます。家族信託は司法書士や弁護士などの専門家からのアドバイスを受けて、公証役場で信託契約を公正証書の形にするのが一般的です。その際、専門家のコンサルタント料や公正証書の手続き代行・作成費用などとして、50万円程度以上の費用がかか

ります（信託財産などによって異なる）。監督機関はなく、あくまでも家族間の信頼にもとづいています。

　家族信託には、財産管理を家族に委ねる「委託者」、委託者に頼まれて財産管理を行なう「受託者」、財産から経済的利益を受ける「受益者」の三者が登場します。高齢で認知症への不安がある母親（委託者）が、所有する賃貸アパートの管理を息子（受託者）に任せ、家賃収入は母親（受益者）が受け取るようなケースが想定されます。母親が亡くなったあとの財産（この場合は家賃収入。アパート自体は含まれない）は受託者以外が受け取ることもできますが、その場合は、たとえば信託財産の帰属先を記入した「不動産等信託契約書」を作成しておくことが必要です。

　実質的な財産の支配権は委託者にありますが、財産の所有権は受託者に移るため、財産の名義を受託者に変更する必要があり、それにともなう贈与税などが発生します。また、子どもに財産を盗られたと、親に誤解されてしまうおそれがありますので、もの盗られ妄想につながらないよう、よく説明して理解してもらいましょう。

　成年後見制度よりも財産管理の自由度が高く、財産の積極的な運用や相続税対策を受託者に任せることができます。本人が認知症になる前から家族に財産を託すことができ、また、財産管理について家族間で話し合って決められることから、認知症になった場合の対策として近年、注目されるようになりました。

　なお、家族信託の受託者には成年後見制度の身上監護の権限はありません。また、すでに認知症になった親とこの契約を結ぶことはできません。また、税務申告の手間が増すなど、専門家のサポートがないと大変という面もあります。

◆遺言

　自分の死後、財産をだれに相続させたいかの意思を紙に書いて記し

たものが遺言書です。一般的には「ゆいごん」ですが、法律用語では「いごん」といいます。遺言書の内容は法定相続よりも優先されることになっていますので、認知症介護の苦労を報いるために遺言を書いてもらうことをお勧めします。

遺言には3種類あります。
・自筆証書遺言（自筆で作成して封をし自分で保管、死後は遺族が家庭裁判所で検認を受ける）
・公正証書遺言（公証人に作成を依頼、口頭でも公証人が作成可、2人以上の証人が必要、公証役場が保管）
・秘密証書遺言（自分で作成して封をしたあとに、証人2人と公証役場に行き公証人の確認を受ける、パソコン作成と代筆可、本人の署名捺印、自分で保管、死後は遺族が家庭裁判所で検認を受ける）

自筆証書遺言は、①日付、②署名、③遺言内容を、必ず本人が自筆で書いて捺印（実印・認印も可）すれば、正式な遺言書になります。気軽に何度でも書き換えることができ、最後の日付のものが有効となります。15歳以上であればだれでも書けますが、意思能力がない人が書いたものは無効です。そのため、認知症の親の財産を狙う兄弟姉妹に書かされたものだとして訴訟になった場合、判断能力があったときに書いたものかどうかが問われます。認知症の症状の程度を医師に立証してもらう必要があり、遺言書の日付が重要な意味を持ちます。年月日が記されていない（たとえば「2019年」のように年のみ、「令和1年8月吉日」のように日にちがない）と無効になります。

また、認知症と診断された人や成年後見制度を利用している人が一時的に意思能力を回復した場合、医師2人以上が立ち会い医師の付記をつければ、認知症でも遺言を書くことができます。その後、症状が悪化して意思能力がなくなっても遺言書は無効になりません。

ところで、遺言があることを相続人が知らなかったり保管場所がわ

からないと、せっかく書いた遺言が無きものになってしまいます。認知症で記憶力がなくなる前に、家族に知らせておいてもらいましょう。親の死亡後は、家族が遺言書を親の住所地を管轄する家庭裁判所に持っていき、検認の申し立てをします。封筒に入っていなくても有効ですが、偽造や変造を疑われることもありますので、遺言書は封筒に入れて封をします。死後は家では開封せずに、家庭裁判所の検認のときに開封してもらうことが重要です。

　公正証書遺言は、専門家が書き方を教えてくれるので要件不備で遺言が無効になる心配がありません。また、公証役場に保管してもらえるので紛失や破棄、他の家族が書き換えたり発見されないという心配もありません。料金も、たとえば5000万円を2人に相続させるというケースで6万～7万円程度から利用できます。確実に遺言を残したいときに選択するといいでしょう。家庭裁判所による遺言書の検認作業が省略できるので、遺産相続の煩雑な手続きを減らすことができます。

　秘密証書遺言は、遺言の内容を秘密にしたまま、公証人に遺言の存在を証明してもらえるメリットがあります。

　どの遺言書がふさわしいか親子で話し合っておくといいでしょう。

◆日常生活自立支援事業

　離れて暮らす親の、毎月の生活費を預貯金からおろして届けてほしい、預貯金通帳や土地の権利証などの大切な書類を預かってほしいという子どもの願いに応えてくれるのが、社会福祉協議会の日常生活自立支援事業です。本人にふさわしいサービス計画を作成して、その後は職員が有料で援助してくれます。認知症高齢者でも、契約内容を理解して契約できるなら、利用可能です。地域包括支援センターやケアマネジャーにこのサービスについて相談しましょう。1000万円以上の資産がある場合は利用できない地域もありますので、各地の社会福祉協議会に問い合わせてください。

2．障害者支援の制度

　障害を抱えた人の自立、社会参加、社会復帰を促進することを目的とし、さまざまな福祉制度による支援や扶助を受けるために必要な証明書として障害者手帳があります。認知症になると心身に生きにくさを抱えることになりますので、病状によっては障害者手帳の交付を検討することも、一つの選択肢としてあげられます。

◆**精神障害者保健福祉手帳**

　精神障害者保健福祉手帳は、なんらかの精神疾患があり、長期にわたって日常生活または社会生活に制約があると認定された人に交付されます。特に、若年性認知症で就労継続や障害年金を受けたい場合は申請するとよいでしょう。市区町村の福祉課の窓口で申請し、手帳の取得後は2年ごとに更新手続きが必要です。

　助成の内容は、障害の種類や等級によって異なります。所得税、住民税、相続税、贈与税、各種自動車税などの割引または控除、バス、電車、タクシーなどの公共交通手段の運賃の割引または減免（JR各社や航空会社には割引制度はない）、NHK放送受信料、携帯電話料金、美術館・博物館・動物園の割引制度などがあります。

　また、精神障害者であれば、手帳の有無にかかわらず、医療費助成（自立支援医療）や障害福祉サービス（障害者自立支援法）が受けられます。

◆**身体障害者手帳**

　脳血管性認知症やレビー小体型認知症では、身体障害者手帳が交付されることもあります。主治医の診断書が必要ですので、医師に相談してください。

3．経済的支援制度

　認知症介護が始まると何かと出費が多くなります。金銭面での負担軽減に役立つ支援制度を紹介します。

◆介護保険の負担軽減制度

　❶高額介護サービス費

　介護サービスの利用者負担には月々の上限額が設定されていて、上限を超えた分は払い戻されます。サービス利用の3ヵ月後に申請書が届くので役所で手続きをします。それ以降は自動的に給付されます。

　❷介護保険施設の食費・居住費の軽減

　世帯全員（世帯分離をしている配偶者を含む）が市区町村民税が非課税で、資産が個人で1000万円以下、夫婦で2000万円以下の場合、申請すると収入に応じて、施設の食費・居住費が軽減されます。親が該当する場合は、毎年、負担軽減額認定申請が必要です。

　❸所得控除

　所得税は、所得控除を差し引いた所得に課税されるので、確定申告を行ない、前年の課税所得を確定します。

　①社会保険料控除

　所得控除のうち社会保険料控除とは、自分自身の社会保険料（国民年金、国民健康保険、健康保険、厚生年金保険など）を納めたとき、または、配偶者やその他の親族の負担すべき社会保険料を自分自身で納めたときに受けられる所得控除のことです。

　1月から12月に支払った介護保険料は、社会保険料控除の対象です。年金から天引きされた介護保険料は、日本年金機構や共済組合等から翌年1月に送付される「公的年金等の源泉徴収票」で確認できま

す。遺族年金と障害年金から天引きされている場合は、役所の介護保険課に問い合わせます。控除された部分については確定申告する必要はありません。

②障害者控除

65歳以上で介護保険の認定を受けている人は、心身が障害者等に準じた状態にあれば、障害者手帳の交付を受けていなくても障害者または特別障害者控除の対象になります。市区町村の介護保険課認定係に問い合わせましょう。

③医療費控除

1月1日から12月31日までの1年間に支払った医療費が10万円（総所得金額等が200万円未満の人は、総所得金額等の5％）を超えた場合に受けられます。

医療費控除額（上限200万円）＝医療費－10万円

介護保険では、医療費控除の対象になる金額が領収書に明記されています。具体的には、以下が対象となります。おむつ代（医師が発行する「おむつ使用証明書」が必要）も対象になります。

・介護保険の医療系サービス
・老健（介護老人保健施設）と療養病床（介護療養型医療施設）の費用全額
・特養（特別養護老人ホーム）の施設サービス費（介護費、食費および居住費）の自己負担額の2分の1

生計を一にする家族であれば、もっとも所得税率の高い人が家族の分の医療費控除をすると、節税になります。

◆**行政等の高齢者向けサービス**

行政では、該当する高齢者や家族に税金でさまざまなサービスを無料か安価で提供しています。行政が発行する高齢者向けガイドブック等に紹介されていますので、地域包括支援センターや役所でもらいま

しょう。行政は、使いたいと申し出て初めて利用できる「申請主義」をとっていますので、ガイドブックを隅から隅まで読んで、利用できるサービスを探して、申請します。親が住んでいる市区町村に、高齢者緊急通報システムの設置、火災安全システムの給付、認知症高齢者探索システムの貸与、紙おむつ現物支給・紙おむつ費用助成、訪問理美容サービスなどがあるかを確認してみましょう。

4．介護休業法の概要

　認知症に限らず、家族を介護するために仕事を辞めることは、従業員本人だけではなく、企業にとっても国にとっても大きなマイナスになります。国は、仕事と介護の両立のために企業が最低限用意すべき支援策を「育児・介護休業法」で定めました。法律の規定を満たしていれば、企業独自の支援策を設けることが認められていますので、自社の介護休業制度を必ず確認しましょう。

　法定の介護休業制度の概要は、図表4-1のとおりです。このうち、介護休業期間の93日（対象家族1人につき通算）については、短い、あるいは足りないと思った人も多いことでしょう。実は育児・介護休業法では、休業期間について、介護に専念することを目的にはしていません。介護休業は、仕事と介護を両立させるための体制を整えるため、両立の準備期間として利用することが想定されています。3回まで分割して取得できるのも、ケアチームの一員として介護をコーディネートする役割が期待されているからです。

　希望どおりの日から休業するためには、2週間前までに申し出ることが必要です。時間にゆとりがあるときに、自社の制度や申請方法などを調べて、いざというときにスムーズに手続きができるように準備

図表4-1　介護休業制度（法定）の概要

対象家族とは		配偶者（事実婚を含む）、父母、子、配偶者の父母、祖父母、兄弟姉妹および孫
要介護状態とは		介護保険制度における要介護2以上である場合のほか、2週間以上の期間にわたり常時介護が必要な状態のとき
介護休業	対象	一定の要件を満たす有期契約労働者（派遣労働者も含む）も取得できる
	期間	対象家族1人につき、通算93日まで
	回数	3回に分割して取得できる
	給付金	介護休業終了後に雇用保険から休業開始時賃金日額の67％×日数
介護休暇	日数	年5日、対象家族が2人以上であれば年10日
	単位	1日または半日（所定労働時間の2分の1）単位
	給与	基本的に無給
	取得事由	対象家族の介護、病院の付き添い、介護サービス利用に必要な手続きの代行のために取得できる
所定外労働の制限（残業免除）	期間	対象家族の介護が終了するまで
	内容	残業の免除を請求できる（除外要件あり）
時間外労働の制限	期間	対象家族の介護が終了するまで
	制限時間	1ヵ月24時間、1年150時間を超えて時間外労働をさせないこと
深夜業の制限	期間	対象家族の介護が終了するまで
	制限時間	午後10時から午前5時までの深夜時間帯に労働をさせないこと
所定労働時間短縮の措置	期間	介護休業とは別に、対象家族1人につき利用開始から3年の間に2回以上の利用が可能
	措置内容	短時間勤務、フレックスタイム制、時差出勤、労働者が利用する介護サービスの費用助成のいずれか
労働者の配置に関する配慮		事業主は、労働者を転勤させようとする場合には、介護の状況に配慮しなければならない
不利益取扱いの禁止		介護休業等を取得した場合、解雇したり、契約内容の変更を強要したり、減給または賞与等において不利益な算定や、人事考課において不利益な評価を行なってはいけない
ハラスメント防止措置		事業主は、介護休業等を理由とする上司・同僚による嫌がらせ等を防止する措置を講じなければならない

しておきましょう。

　また、失効する年次有給休暇を積み立てて、家族の介護のために利用できる企業が増えています。年次有給休暇に先行して利用できるので、介護休業よりも使い勝手がよいという声が聞かれます。これらも含めて、上司や人事労務担当部署で確認することが大切です。

5　認知症予防、症状改善Q&A

1．認知症を予防したい

　最近の研究で、認知症を発症するリスクを低減させる生活習慣や、認知症を改善する要因のいくつかが明らかになってきました。それらは、日頃の暮らしのなかにありました。

Q1　親は、目が見えにくいようです。

A　脳に送られる情報の8割以上が目から入ってくるといわれています。車窓から人や景色を見ているだけでも膨大な情報量になり、その情報を処理することで、脳の神経細胞が活性化します。

　目がよく見えない状態を放置しておくと、仕事や趣味がうまく進められないだけでなく、身なりや家を整えられなくなったり、外出が怖くなり引きこもってしまうなど、暮らし全体に支障が出てきます。目から入る情報が少なくなると、脳の働きも低下します。

　年齢を重ねると白内障、緑内障、加齢黄斑変性、糖尿病性網膜症など目の病気を発症しやすくなります。年間約120万件実施されている白内障の手術は、昔より格段に安全で、眼内レンズは交換やメンテナンスの必要がなく、日帰りや短期の入院で受けられるようになりました。手術により、見えにくくて億劫だったことに積極的に取り組めるようになってうつ症状が改善したという報告もあります。年だからと

諦めずに、目の病気を予防し、早期治療で視力を回復したり失明を防いだりすることは、認知症予防になります。見えにくさや不便を感じたときには、早めに眼科を受診するように勧めてみましょう。

Q2 耳が遠くなったのではと気になります。

A テレビやラジオ、音楽や映画、家族や友人とのコミュニケーションを楽しむためには、音が適切に聞こえることが重要です。さまざまな音のなかから、自分に必要な情報を聞き取り、考えたり判断したり、人に伝えたりと、聞くことで高度な認知機能が発揮されます。その聴覚が衰えると、脳の活動が不活発になって神経細胞が弱まり、認知症の発症につながることが明らかになってきました（先天性難聴や一側性難聴はこの限りではない）。

　親御さんの話し声が大きくなった、呼んでも返事をしない、こちらの言うことを理解していない、テレビの音量が大きくなったなどは、耳が遠くなっていることが考えられます。離れて暮らす親が電話に出ないので何かあったのではと心配したら、呼び出し音が聞こえていなかったというケースもありました。電話で話す内容を聞き取れないために意思疎通ができないケースも出てきます。難聴になると、周りの人との会話がスムーズにいかなくなるので、人と会うのが面倒になったり、大切な情報から取り残されてしまったりして、社会的孤立につながることもあります。

　耳の中にある音の振動を感じる「有毛細胞」は年齢とともに減少します。ストレスや、糖尿病・高血圧・動脈硬化などの生活習慣病で耳や脳の血流が悪くなったり、脳の聴神経の働きが鈍くなったりすることも、難聴の原因になります。加齢による難聴は徐々に進むことが多く、本人は気づかないこともあるそうです。周りの人が見守って、早

めに耳鼻咽喉科への受診を勧めましょう。

　難聴の種類や程度を専門医に診断してもらい、治療や進行を遅らせるための指導を受け、補聴器の使用を検討します。補聴器には慣れが必要なので、難聴が軽度のうちから使い始めると順応が早いといわれています。聴力を維持して聞こえる範囲を広げる効果が期待でき、補聴器を扱うスキルも身につきます。認知症が進んでからでは、補聴器をつけるという新しいことへの適応がむずかしくなりますので、その前から使用することをお勧めします。

　補聴器は「管理医療機器」で、専門家によるカウンセリングやフィッティングを受けて、聴力や使用する機会などに合わせて調整してもらいます。高額な買い物になりますので、必ず耳鼻科医に相談してから購入します。

　最近は「音響機器」である集音器を使っている人も増えています。これは、高音から低音まですべての音を大きくすることはできますが、使う人に合わせて細かい調整はできません。補聴器よりも低価格でイヤホンでラジオを聞くような感覚で気軽に使えるので、集音器で十分だと言う人もいますが、両者はまったく違うものであることを認識したうえで使用するといいでしょう。

Q3　入れ歯が合わないので外しています。

A　よく噛んで食べることにはたくさんのメリットがあります。消化吸収に関しては、唾液の分泌を促し、胃腸の働きをよくして栄養素の吸収を助けてくれます。よく噛むと、食べ物本来の味をおいしく味わうこともできます。それらに加えて、口を開閉し歯と歯を噛み合わせる行為は、脳の血流を増やして酸素を送ったり刺激を与えたりすることから中枢神経が活性化し、全身の運動機能を向上させ、骨粗しょう

症や癌、認知症を防ぐ効果もあります。

　近年、高齢になってもよく噛んで食べている人のほうが認知症になりにくいことがわかってきました。また、認知症の人は健康な人よりも残存している歯の数が少ないこと、歯がなくて軟らかいものしか食べられないマウスはアルツハイマー型認知症を引き起こすといわれる脳内物質の沈着が多いことなど、歯の数と認知症の関係も指摘されています。しかし、歯がなくなっても、よく合った入れ歯で噛むことができれば、脳によい刺激が伝わり認知症リスクを低減できるとの報告もあります。

　合わない入れ歯は違和感があり、外れやすく痛みが出たりします。しっかり噛めないのでおいしく食べられません。また、入れ歯をはめないと言葉を明瞭に発することができず、口元にしわが寄って老け顔になってしまいます。せっかくつくった入れ歯ですから、認知症予防のためにもよく噛めるように調整してもらいましょう。

　総入れ歯の人で、入れ歯は洗うが口の中は洗浄しないという人は少なくありませんが、口腔ケアをしないと口の中の細菌が繁殖して誤嚥性肺炎を起こしやすくなります。歯が残っている場合は、歯周病菌が腫れた歯肉から血管に入ると、脳や心臓や腎臓の病気、糖尿病、骨粗しょう症の誘因になったり悪化させることもわかっています。

　高齢者の健康に口腔ケアは欠かせませんので、半年に1回程度の歯科受診を習慣づけましょう。一人で通院するのがむずかしい場合は、訪問歯科医に家まできてもらうと家族も安心です。

Q4　親はメタボで、たばこもやめようとしません。

A　メタボ（メタボリックシンドローム）は、内臓脂肪型肥満（内臓肥満・腹部肥満）に高血糖・高血圧・脂質異常症のうち2つ以上の症

状が一度に出ている状態を指します。糖尿病や、心臓病や脳などの血管の病気につながりやすい状態です。脳梗塞や脳出血の後遺症である脳血管性認知症や、脳の糖尿病ともいわれるアルツハイマー型認知症を防ぐためには、メタボの改善が大切です。

　2017年にイギリスの医学誌「ランセット」が、改善が可能な認知症の危険因子を発表しました。そこでは、特に改善に力を入れるべきこととして、①中年期の聴力低下の治療、②すべての人が11〜12歳以上になっても教育を受けられるようにすること、③高齢者全員が禁煙すること、の3つがあげられています。危険因子としては、これらのほかに、抑うつ、運動不足、高血圧、社会的孤立、肥満、糖尿病もあげられています。認知症の危険因子として、たばことメタボが入っていることに注目してください。危険因子を避ければ認知症にならないということではありませんが、リスクが軽減できるのは明らかです。より健康的に生きるためにも、意識してこれら危険因子を避けた暮らし方をするのは、とてもいいことです。

　メタボを改善するには、食事の工夫と運動が大事です。腹八分目を心掛け、野菜たっぷりの和食、「野菜→肉・魚→ご飯やパン」の順で食べるなど、実行できそうな方法を親と一緒に考えましょう。75歳を過ぎてからは、ダイエットよりも低栄養を防ぐことが重要になってきます。血糖もコレステロールも身体にとって大切な栄養であり、バランスよく摂取したほうが長生きするといわれています。主食を控えめにして、タンパク質やビタミン、ミネラルの多い食事を摂るために、食品摂取の多様性スコアをつけてみましょう（図表5-1）。

　ほとんど毎日摂る場合は1点、それ以下の頻度の場合は0点です。目標値は7点以上で、3点以下は要注意です。

　たばこに関しては、喫煙が動脈硬化と高血圧を促して脳卒中や心筋梗塞を起こしやすくなり、脳の前頭葉が萎縮するという研究結果が報

図表5-1　食品摂取の多様性スコア

1	肉	点	5	牛乳・乳製品	点	9	果物	点
2	魚介類	点	6	緑黄色野菜	点	10	油を使った料理	点
3	卵	点	7	海藻類	点			
4	大豆・大豆製品	点	8	いも	点			
					あなたの点数は？ →			点

ほとんど毎日摂る場合は1点。それ以下の頻度の場合は0点。目標値は7点以上、3点以下は要注意
出所：東京都健康長寿医療センター『健康長寿新ガイドライン エビデンスブック』

告されています。たばこを吸う人は、吸わない人よりも認知症になるリスクが2倍になることもわかっています。喫煙をいつやめても、認知症予防の効果があることが実証されていますので、「いまさら禁煙しても遅い」と思わず、いつまでも元気でいてほしいから禁煙してほしいと勧めましょう。

また、住宅火災の出火原因別死者数が一番多いのが、「たばこ」です。火事を出す心配からも解放されますので、親御さんには禁煙してもらいたいものです。

Q5 家でテレビを見てばかりで、外出しません。

A　一日のテレビを見る時間について、70代の男性は6時間、女性は5.3時間、視聴しているというデータがあります。高齢者はニュースや報道特集が好きで、世の中の出来事や動きを把握するためにテレビを見ている人が多いようです。ただし、テレビは情報が一方的に次々と流れてくるために受け身になり、積極的に考える時間をとれないのが欠点です。暇つぶしに漫然と眺めるだけでは、脳が活性化することはないそうです。

長時間テレビを見ながらじっと座っていることも、身体によくありません。第二の心臓といわれる脚の筋肉が使われないため、血液の流れが滞り、全身の代謝が悪くなってしまいます。血流をよくすること

が認知症の予防になりますので、1時間テレビを見たら身体を動かすことを習慣にするように勧めてみましょう。

　認知症予防には有酸素運動が推奨されますが、外出するだけでもよい運動になります。家にいると立っている時間は少なく、座ってばかりという人が少なくありません。外出すれば、必ず歩きます。段差や階段の上り下りもあります。立っているときには重さが約5kgある頭を全身が支えるので、それだけで骨や筋肉が鍛えられます。人との触れ合いがあるかもしれません。季節を五感で感じることもできます。家で沈み込んでいた気持ちが、外の空気を吸って、明るくなることもあるでしょう。

　外に誘い出してもらえるように周りの人に頼んだり、イベントへの参加を計画してみませんか。家の外に楽しみが見つかると、健康的な生活になると思われます。

　なお、ラジオはパーソナリティが直接自分に話しかけてくれるような気がして、孤独感が癒やされると高齢者に好評です。NHKの「ラジオ深夜便」は毎晩200万人が聴いている人気番組で、主なリスナーは60歳以上です。朝方目覚めてしまっても、ラジオで懐かしい歌や著名人の話が聴けるので、睡眠薬がいらなくなったという人もいます。気持ちを集中してラジオを聴くと、脳全体の機能が高まるともいわれています。料理や掃除をしながらでも聴けるので、生活に取り入れてみるとよいでしょう。

Q6 体臭に気づかないのが不思議です。

A 皮膚が老化すると、皮脂に含まれる脂肪酸が酸化分解されやすくなり、ノネナールという物質が増えて加齢臭となります。皮脂や汗をこまめに拭き取ったり、シャワーやお風呂で洗い流したりすること

と、衣服や寝具やタオル類の洗濯が、加齢臭予防のポイントです。

　自分でそれらのケアを行なっている高齢者の場合、だんだん億劫になってきているのではないでしょうか。また、口臭やたばこ臭、古い整髪料や化粧品などは、本人がその臭いに慣れると、感覚が鈍ってきます。周りの人が気づいたときに、清潔を保つ方法を一緒に考えて手助けをしてあげてください。

　また、アルツハイマー型認知症と嗅覚の関係が明らかになってきています。脳の中で記憶をつかさどる海馬の外側に臭いを感じ取る部分があり、海馬が萎縮して記憶障害が表われるより先に嗅覚障害が起こることが確認されました。認知症になる前に臭いがわからなくなる人が多いので、嗅覚の低下に気づくことが、認知機能低下の早期発見につながるかもしれません。

　海馬と嗅神経には再生能力があることも確かめられています。嗅覚を効果的に刺激することで嗅神経細胞が再生すると、その刺激が海馬に伝わり、海馬とその周辺の神経細胞の働きが活性化するそうです。心地よい香りに包まれた暮らしは、認知症予防になります。

Q7　眠れないのが親の一番の悩みです。

A　日本人の平均睡眠時間は、7時間40分（「平成28年社会生活基本調査」総務省統計局）で5年前の調査よりも減少しています。一番短いのは、男性では50代前半、女性は50代後半です。一方、70代後半の男性、80代前半の女性の睡眠時間は8時間を超えています。ただしこの統計は、行動としての睡眠時間なので、ぐっすり眠っていた時間とは限りません。ベッドに入っているだけで目が覚めていた時間も含まれています。

　若いときはぐっすり眠れたのにと、歳を重ねてから不眠の悩みを訴

える人は多いです。夜中に何度も目が覚める「中途覚醒」や、朝早く目覚めて眠れなくなる「早朝覚醒」は高齢者に多く見られる症状です。夜中にトイレに行きたくなって目が覚める場合、不眠の原因は頻尿だと思いがちですが、目が覚めるのが先で、目覚めてからトイレを連想して尿意を感じるケースも多いとのこと。

　深く眠るには体力が必要で、年齢とともに睡眠時間は減少する傾向があります。それは人によって異なるので、親御さんがこれで大丈夫と思う時間を経験から判断してもらうといいでしょう。夜、布団に入る時間が早ければ朝早く目覚めるのは当たり前です。たとえば7時間睡眠の人が夜9時に寝れば、朝4時には目覚めてしまいます。そのあとの時間が眠れないと悶々とするのは精神的によくありません。特に家族と一緒に暮らしていると、家族を起こさないように気を使ってつらいという話を聞きます。寝る時間を遅くするのも一案ですが、4時には起きて活動を開始するのも健康的です。

　認知症と睡眠との関係について、良質の睡眠をとることで、アミロイドβが脳脊髄液中に排出されることがわかっています。また、アメリカの男性に限った調査ですが、昼寝の時間が毎日30分以内だと認知症になるリスクが5分の1になる一方で、2時間以上ではリスクが1.8倍になるという結果が出ています。2時間以上の昼寝は昼夜逆転の原因にもなりますので、6～8時間の睡眠と30分以内の昼寝を心掛けるように伝えましょう。

　朝起きたら日光を浴びる、昼間はできるだけ活動する、寝る2時間前には夕食を済ませる、入浴は40℃くらいの温度で就寝1～2時間前に入る、寝酒やたばこは禁止、寝る前にカフェインの多い飲料は控えるなども、よい眠りをもたらしてくれるでしょう。

　睡眠障害は、病気や服薬によって起きることもあります。睡眠の状態は心身のバロメーターになりますので、かかりつけ医に相談するこ

とも必要です。

2．認知症かもしれないと思ったとき

Q8 同居の親の認知症に気づくのはどんなときですか。

A 親が認知症と診断されてから、「そういえば」と思い起こした例に
- 最近の話をすると、「そんなことは知らない」「私は聞いていない」ととぼけるようになった
- こちらの質問には答えず、自分が話したいことだけを何度も話すようになった
- 買い物と簡単な料理はするが、掃除はしなくなり、テレビばかり見ていた
- 楽しみにしていたコーラスの練習に行かなくなった

などがあります。これらは、以前の親と違うので気になったのでしょう。また、家での暮らしは長年の間に身についた行為の繰り返しなので、記憶力や判断力が衰えても特に問題なく暮らせる時期があります。そのため、一緒に旅行したときに初めて親の異変を実感したという話をよく聞きます。

- 旅館の大浴場で不安そうにうろうろしていた
- 脱衣所で着替えが入ったかごを間違えた
- 部屋に戻ってこられなかった

などが典型例です。本人は初めての場所で、さぞ不安だったことでしょう。また、家族には忘れられない思い出の旅になってしまいます。

認知症は徐々に進行するため、毎日一緒にいると、年をとるとこんなものだろうと受け流してしまうことがあります。また、もともとこ

ういう人だから、というケースもあります。医師がアルツハイマー型認知症の人の病歴を家族に聞いたら、病気になる前から整理整頓が苦手だった、料理が嫌いでほとんどしなかった、キャッシュカードを使えなかったという人が非常に多かったそうです。

　家に帰ると、「風呂、飯、寝る」の三語しか話さなかったような男性は、家族とのコミュニケーションも少ないので、一番気づかれにくいかもしれません。家族が、そのときは「おかしいな」と思っても、翌日には落ち着いていれば、思い過ごしだったと考えがちです。そのため、同居している子どもよりも、たまに訪ねてくる子どものほうが親の変化に気づくともいわれます。同居の苦労も知らないでと反論したくなることもあるでしょうが、客観的な意見として聞き入れ、親のこれからを一緒に考える機会にしてはどうでしょうか。

　認知症の人を介護した経験のある人は、経験のない人が見過ごしがちな変化にも敏感に気づきます。これは認知症の症状ではないかと疑いを持つためには、認知症の初期の症状についての知識が必要です。認知症の人と家族の会の「家族がつくった『認知症』早期発見のめやす」が大変参考になりますので紹介します。

【もの忘れがひどい】
　・電話の相手の名前を、いま切ったばかりなのに忘れる
　・同じことを何度も言う、問う、する
　・しまい忘れ、置き忘れが増え、いつも探し物をしている
　・財布、通帳、衣類などを盗まれたと人を疑う

【場所・時間がわからない】
　・約束の日時や場所を間違えるようになった
　・慣れた道でも迷うことがある

【判断・理解力が衰える】
　・料理、片づけ、計算、運転などのミスが多くなった

・新しいことが覚えられない
・話のつじつまが合わない
・テレビ番組の内容が理解できなくなった
【人柄が変わる】
・些細なことで怒りっぽくなった
・周りへの気づかいがなくなり頑固になった
・自分の失敗を人のせいにする
・「このごろ様子がおかしい」と周囲から言われた
【不安感が強い】
・一人になると怖がったり寂しがったりする
・外出時に持ち物を何度も確かめる
・「頭が変になった」と本人が訴える
【意欲がなくなる】
・下着を替えず、身だしなみを構わなくなった
・趣味や好きなテレビ番組に興味を示さなくなった
・ふさぎ込んで何をするのも億劫がり、嫌がる

Q9 遠距離に住む親の認知症に気づくのはどんなときですか。

A 親の家を訪ねたときに、「あれっ、この前きたときと違う」と気づくことから始まります。庭が草ぼうぼう、家のなかはものが増えて出しっぱなし、ごみ屋敷になりそう、おしゃれだったのにどこかだらしない感じ、ずっと同じ服を着ているのではないか、などがあげられます。

これらは高齢になって何事にも億劫になったせいかもしれませんが、台所を見るとはっきりすることがあります。焦がした鍋やお玉、封を切って少しだけ使った調味料や日用品、冷蔵庫のなかには賞味期限をはるかに過ぎたヨーグルトや牛乳、卵、かびた野菜や果物…。こ

れらであふれていたら、要注意です。子どもが昔好きだったスナック菓子やインスタントラーメンで戸棚の中が一杯だった家もあります。

　小銭が散らばっていないか、メモがあちこちに貼っていないかも要チェックです。また、家電製品が故障しているというが、電池切れだったり、使い方がわからないだけだったりします。母親の手料理を楽しみにしていたのに出前や外食だった、いつも気にかけていた孫の話や最近の出来事の話をしなかったという変化もあります。久し振りに会った子どもの前ではしっかりしようと気を張っていて、子どもが帰ったあとに寝込んでしまうこともあるようです。

　孫が大きくなったり、仕事が忙しくなると、実家の親を訪ねる機会が減ります。電話をしても、「どうしている？」「大丈夫。変わりないよ」「身体に気をつけてね」「ありがとう」、といったやり取りでは、認知症かどうかはまったくわかりません。二言三言の挨拶だけでなく、きょうはゆっくり親と話してみようと意識して、電話をかけてみましょう。会話の内容とともに言葉のキャッチボールができているかに関心を持って聞くと、変化が見えてきます。

　あるいは、定期的に電話をかけていたら、「電話はこっちからかけるから、かけないでいい。仕事で忙しいんだからこなくていい」と言われるようになった。そこで、事前連絡なしで実家を訪ねたところ、普段の暮らしぶりに驚いてしまった。そんな例もあります。子どもに自分の状況を知られたくなくて連絡を絶とうとしていたようです。

　老夫婦や一人暮らしで引きこもってしまうと、脳がよい刺激を受けられず認知機能が低下します。見張られている感を出さずに、さりげなく見守る方法を、地域包括支援センターや民生委員に相談することをお勧めします。第三者の目が、認知症かもしれない状況に気づいてくれることも少なくありません。あわせて、親任せにしていた親戚づきあいに参加したり、ご近所や町内会の役員に手土産を持って挨拶に

行くなどして親の日頃の様子を聞き、変わったことがあったら教えてほしいと依頼しておくのもいいでしょう。これらの人と連絡先を交換しておくことは、介護の事前準備にもなります。

Q10　親自身が認知症を疑っているのかと気になります。

A　本人向けの認知症チェックリストがあります。たとえば
- とうきょう認知症ナビ　自分でできる認知症の気づきチェックリスト（図表5-2。http://www.fukushihoken.metro.tokyo.jp/zaishien/ninchishou_navi/checklist/index.html）
- 公益財団法人　認知症予防財団　大友式認知症予測テスト（図表5-3）

があげられます。インターネット上には、脳トレクイズ形式のものもあります。子どもが先に試し、親に勧めてみるといいでしょう。子どもにテストされるのは嫌なものなので、「一緒にやってみない？」とか「こんな脳トレがあるよ」と軽く声を掛けましょう。親御さんに定期的に挑戦してもらうと、認知機能低下に関心を持ってもらうことができ、予防につながるかもしれません。なお、その日の体調や精神状態で結果は変わりますので、認知症と決めつけるのは禁物です。

3．MCI（軽度認知障害）とは

Q11　医師からMCIと言われたのですが、認知症ではないのですか。

A　MCI（軽度認知障害：Mild Cognitive Impairment）は、1990年代にアメリカで提唱されました。認知症になる手前、正常な老化と認知

図表5-2　自分でできる認知症の気づきチェックリスト

チェック1	財布や鍵など、物をおいた場所がわからなくなることがありますか	まったくない [1点]	ときどきある [2点]	頻繁にある [3点]	いつもそうだ [4点]
チェック2	5分前に聞いた話を思い出せないことがありますか	まったくない [1点]	ときどきある [2点]	頻繁にある [3点]	いつもそうだ [4点]
チェック3	周りの人から「いつも同じことを聞く」などのもの忘れがあると言われますか	まったくない [1点]	ときどきある [2点]	頻繁にある [3点]	いつもそうだ [4点]
チェック4	きょうが何月何日かわからないときがありますか	まったくない [1点]	ときどきある [2点]	頻繁にある [3点]	いつもそうだ [4点]
チェック5	言おうとしている言葉が、すぐに出てこないことがありますか	まったくない [1点]	ときどきある [2点]	頻繁にある [3点]	いつもそうだ [4点]
チェック6	貯金の出し入れや、家賃や公共料金の支払いは一人でできますか	問題なくできる [1点]	だいたいできる [2点]	あまりできない [3点]	できない [4点]
チェック7	一人で買い物に行けますか	問題なくできる [1点]	だいたいできる [2点]	あまりできない [3点]	できない [4点]
チェック8	バスや電車、自家用車などを使って一人で外出できますか	問題なくできる [1点]	だいたいできる [2点]	あまりできない [3点]	できない [4点]
チェック9	自分で掃除機やほうきを使って掃除ができますか	問題なくできる [1点]	だいたいできる [2点]	あまりできない [3点]	できない [4点]
チェック10	電話番号を調べて、電話をかけることができますか	問題なくできる [1点]	だいたいできる [2点]	あまりできない [3点]	できない [4点]
	合　計　点				点

20点以上の場合は「認知機能や社会生活に支障が出ている可能性がある」として、地域の相談機関や医療機関へ相談することを推奨

出所：とうきょう認知症ナビ

図表5-3 認知症チェックリスト（認知症の「ごく初期」「始まり」「認知症に進展する可能性がある状態か」を予測）

質問項目	ほとんどない	時々ある	頻繁にある
同じ話を無意識に繰り返す	0	1	2
知っている人の名前が思い出せない	0	1	2
物のしまい場所を忘れる	0	1	2
漢字を忘れる	0	1	2
今しようとしていることを忘れる	0	1	2
器具の説明書を読むのを面倒がる	0	1	2
理由もないのに気がふさぐ	0	1	2
身だしなみに無関心である	0	1	2
外出を億劫がる	0	1	2
物（財布など）が見当たらないことを他人のせいにする	0	1	2
	（　　　　）点		

0〜8点	正常	もの忘れも老化現象の範囲内。8点に近いときは気分の違うときに再チェックしましょう
9〜13点	要注意	家族にチェックしてもらったり、間隔をおいて再チェックを。認知症予防策を生活に取り入れてみては
14〜20点	要診断	認知症の初期症状が出ている可能性があります。家族にも再チェックしてもらい、結果が同じなら医療機関や地域包括支援センターに相談しましょう

出所：「大友式認知症予測テスト」（認知症予防財団HP）をもとに作成

症の中間にいる境界グループを指します。

厚生労働省が定めたMCIの特徴は、次のとおりです。

・ほかの同年代の人に比べて、もの忘れの程度が強い
・もの忘れが多いという自覚がある
・日常生活にそれほど大きな支障はきたしていない
・もの忘れがなくても、認知機能の障害（失語・失認・失行・実行機能障害）が1つある

MCIの段階では、日常生活は普通に送れるので、家族は「年のせい」と考えがちですが、本人が記憶力や理解力の衰えや認知症を心配し

て、自ら「もの忘れ外来」を受診し、MCIと診断される例が多くなっています。近年、認知症の早期発見・早期対応が提唱されるようになり、家族にともなわれて受診した高齢者にもMCIの人は増えています。

　まだ認知症ではないので、この時期の過ごし方が重要です。正常老化に戻るか、このままの状態が維持されるか、あるいは認知症に進んでしまうのか。MCIと診断されたことを、日常生活を見直すチャンスととらえ、認知機能低下を防ぐ方法を実践してもらいましょう。具体的にはQ12のとおりです。日常生活を自立して送れる期間が続けば、子どもは安心して仕事に集中できます。

Q12　MCIから認知症に進まないために気をつけることはなんですか。

A　MCIは認知症予備軍と呼ばれています。MCIと診断された人の半数が5年以内に認知症に移行することがわかっています。この段階で、日常生活の改善や認知機能のトレーニングができれば、半数の人は認知症への進行を遅らせることができ、なかには認知症になるのを防げる人もいます。

　推奨されている方法を紹介します。
- 運動…ウォーキング、水泳、ヨガ、太極拳、ラジオ体操
- 食事…野菜、果物、魚、赤ワインを摂取すること
- 認知機能トレーニング…ゲーム（囲碁、将棋、麻雀、オセロ）、パズル、学習ドリル、楽器演奏、コーラス
- 社会的活動…家族以外の人との交流、ボランティア活動、就労

　これらの認知機能低下予防法は、無理なく実行してもらいましょう。家族に強制されて嫌々するのでは、かえってストレスになってしまいます。認知症に効くからと、嫌いな食べ物を毎日食べさせられる姿を想像してみてください。おいしくないので胃液の分泌が減り、食

欲そのものが減退してしまうかもしれません。楽しいはずの食事が苦行になって、生きる喜びさえ失いかねません。脳トレも、楽しく取り組めるなら効果がありますが、ため息をつきながらするのでは、脳はいきいきとはなりません。「また脳トレか」とイライラしている親とけんかになってしまったら本末転倒です。

　上記の方法のなかに、親が興味を持ってできることはありませんか。初めてすることよりも昔得意だったことや好きだったことを探して、一緒にやってみたり、おいしいね、楽しいねと笑い合うことで脳細胞も活性化することでしょう。

　別居していたり、日中は仕事で不在にしている家族は、親の認知症予防になかなか協力できません。周りの家族が口でいくら勧めても必要性を感じていなければ、本人は動きませんし、一人で取り組むのもむずかしいでしょう。そのような場合は、MCIと診断された病院の医師や看護師、医療相談室の医療ソーシャルワーカーに、認知機能向上プログラムについて相談してみましょう。地域包括支援センターでも、コグニサイズと呼ばれる運動をしながら脳を使うトレーニングを実施しているところがあります。専門家の指導のもとであれば安全ですし、仲間と一緒に行なうことでコミュニケーション力が上がり相乗効果が期待できます。

4．BPSD（行動・心理症状）とは

Q13　親がアルツハイマー型認知症と診断されました。いつ頃徘徊するようになりますか。

A　アルツハイマー型認知症の人の全員が徘徊するわけではありませ

ん。認知症では、記憶できない・忘れてしまう（記憶障害）、時間や場所や人物がわからない（見当識障害）、言葉を話せない（失語）、物事を実行できない（失行）、行為行動を段取りよくやり遂げられない（実行機能障害）、計算できない・見聞きしたことを理解できない（知的能力の障害）などの症状が表われます。これらは、中核症状と呼ばれ、脳神経細胞が死滅したことによって起こるため、認知症の人のほとんどに見られます。

　これらの症状を抱えながら生きていくのは大変なことです。一人ひとりの性格や素質、あるいはその人のおかれた環境や人間関係によっては、さらなる症状がともなうことがあります。抑うつ状態、幻覚、妄想、不眠、昼夜逆転、作話、異食、過食、不潔、暴力、暴言、介護拒否などの症状は、中核症状をもとに心や行動の反応として表われる症状で、行動・心理症状（BPSD：Behavioral and Psychological Symptoms of Dementia）と呼ばれていることは、先にも触れました。徘徊もこのなかに含まれます。徘徊の出現は、認知症が中等度以上に進行してからといわれています。

　歩いてきた道を記憶できない、いまどこにいるかを認識できない、だれかに道を尋ねるという判断ができない、というのは中核症状なので、道に迷うことはだれにでも起こります。しかし、「家に帰る」と一人で出かけて、何時間もさまよう「徘徊」をするかどうかは人によります。外来患者が300人いる都内の認知症クリニックでは、徘徊を頻繁に繰り返して家族が困っているケースは6〜7人（外来患者全体の2％）と聞きました。「認知症＝徘徊」というのは、間違った思い込みで、家から一歩も出ようとしない人のほうが多いかもしれません。

　ところで、徘徊には「あてもなく、うろうろと歩き回ること」という意味があります。認知症の人の外出には目的や理由があることが多く、徘徊は危険という誤解や偏見につながるとして、その呼び名をや

めてほしいという声が上がり、「ひとり歩き」「散歩」に言い換える自治体が出てきました。賛否両論があるなかで、厚生労働省では、使用制限などの明確な取り決めはないが、新たな文書や行政説明などでは使用しないようにしているそうです。

Q14　父が毎日徘徊するので困っています。

A　事情を聞くと、父親は夕方ふらっと家を出て、夕ご飯までには必ず帰ってくる日々を送っていました。家族は「徘徊するので困る」と心配していますが、これこそ夕方の「ひとり歩き、散歩」です。父親のあとを追って行って、散歩コースを確認してみるとよいでしょう。危険な箇所がある場合は、「一緒に散歩しましょう」と誘って、こちらのコースのほうが安全だと別の道を提案してはどうでしょうか。知り合いの家や商店があったら、声を掛けてもらったり、見守ってもらえるように頼んでおくと安心です。

　また、交通事故に遭わないように明るい色の服を着て反射素材のついた靴を履いてもらうことや、迷子になった場合に備えて携帯電話や財布や連絡先を書いたカードを入れたショルダーバッグやリュックサックを背負っていってもらう、スマートフォンで位置情報を共有できるアプリを活用するなど、安全に散歩ができるようにします。

　自由に出歩きたいという願望はだれにでもあり、それを叶えられる暮らしが、認知症の進行を穏やかにする可能性があります。

Q15　父が徘徊するので仕事に行けません。

A　家中、鍵をかけても父親が家を出て行ってしまうので、仕事に行けないという悩みです。父親が夜中に徘徊したときは、息子は仕事中

に居眠りをしてしまい、仕事に影響が出たそうです。このケースでは、父親に日中、留守番をしてもらうのはむずかしいでしょう。地域包括支援センターに相談して要介護認定を受け、デイサービスやホームヘルプサービスの利用を検討する時期がきていると思います。徘徊が落ち着くまで、ショートステイで預かってもらうことを検討する余地もあると思います。

サービス利用が軌道に乗るまで、介護休業制度の利用を職場で相談してみることをお勧めします。

Q16 母に「財布を盗んだ」と疑われたので、「そんなことをするわけない」と怒鳴ってしまいました。

A 「財布がバッグのなかにない」「大切にしまっておいた場所にない」。自分が失くしたとはまったく考えずに、人に盗られたと思い込むのが「もの盗られ妄想」です。BPSDのなかでもよく見られる症状で、10％くらいの人に起こります。しっかりしていた女性に多い症状で、相手を犯人にすることで、その人に頼るだけではなくその人よりも上に立ちたいという願望があるのではないかともいわれます。

一番身近で世話をしている人や、頼りにされていた人が泥棒呼ばわりされるのですから、まさか自分が、と信じられないでしょうが、財布がない問題を泥棒のせいにして解決をはかろうとしている人に、「私はやっていない」と否定したり、「あなたが失くした」と正論を言ったりしても通じません。かえって本人の自尊心を傷つけて、口論になってしまいます。

「これは認知症の妄想なのだ」「自分を嫌っているからではないのだ」と冷静にとらえ、財布を失くして焦っている気持ちを受けとめようと努力してみましょう。「一緒に探しましょう」と穏やかに伝えて

探します。ただし、「泥棒」が見つけてしまうと、盗んで隠していたと疑われるので、なるべく本人が見つけられるように工夫することが大切です。

　似たような例に、「合鍵を持っている息子が私の預金通帳を持ち出した」「娘に高価な和服を全部持っていかれた」「嫁が勝手に私の部屋に入って真珠の指輪を盗んだ」と周りの人に訴えたケースがあります。身の回りのことは自分でできる、認知症が軽度の頃に起きるため、親が認知症であることを知らない人からは疑いの目で見られてしまいます。認知症だとわかっていても非常にリアリティのある内容なので、周囲の人に事実だと思われてしまうこともあります。介護者にとっては二重のストレスになるので、認知症のもの盗られ妄想からくる発言であることを説明して理解してもらいましょう。

　もの盗られ妄想はずっと続くわけではなく、症状の進行とともに自然に治まっていきます。

執筆：角田とよ子（つのだ・とよこ）
お茶の水女子大学卒業。社会福祉法人浴風会介護支え合い電話相談室長などを経て株式会社wiwiwキャリアと介護の両立相談室長。著書「いちばんやさしい はじめて使う介護保険」（監修）、「介護家族を支える電話相談ハンドブック 家族のこころの声を聴く60の相談事例」ほか

医事鑑定：須貝佑一（すがい・ゆういち）
京都府立医科大学卒業。現在、浴風会病院精神科医。日本老年精神医学会認定医・指導医、精神保健指定医。著書「ぼけの予防」「朝夕15分 死ぬまでボケない頭をつくる！」ほか

認知症介護と仕事の両立ハンドブック

著者◆
角田とよ子

発行◆2019年12月1日 第1刷

発行者◆
讃井暢子

発行所◆
経団連出版
〒100-8187 東京都千代田区大手町1-3-2

経団連事業サービス
電話◆［編集］03-6741-0045 ［販売］03-6741-0043

印刷所◆そうめいコミュニケーションプリンティング

©wiwiw.Inc. 2019, Printed in JAPAN
ISBN978-4-8185-1905-3 C2034